Von wegen Weltreisen!

Marc Steinmetz

Von wegen Weltreisen!

Impressum
Erste Auflage
Kai Steinbrecher
Lange Straße 3
18055 Rostock
ISBN-13: 978-1500877330
ISBN-10: 1500877336
Verlag: CreateSpace Independing Publishing Plattform

Alle Fotos vom Autor privat
Gedruckt in Deutschland

Von wegen Weltreisen!

Vorwort

„Lass uns alle zehn Jahre etwas Neues beginnen. Ich möchte mitten im Leben mit Dir eine Weltreise machen und danach werden wir beide mit etwas völlig Anderem starten. Lass uns unsere Träume leben! Unsere Welt ist bunt.“

Dies ist die Geschichte einer Weltreise, die, lange im Voraus geplant, viele Hindernisse zu überwinden hatte. Sie erzählt von wechselnden Emotionen in den Jahren davor und von Zeichen am Wegesrand.
Sie beschreibt die Gefühle der Trennung von Liebgewonnenem und der Leichtigkeit danach. Das Buch zeigt die Freude an der Planung einer Weltreise, die hohen Erwartungen daran, und was die Reise in mir auslöste. Sie ist gespickt mit den schönsten Momenten auf dem Weg um die Erde.

Ich danke mit diesem Buch Lucas für das Öffnen meiner Augen und meiner Mutter für das Führen meiner Hand.

Inhaltsverzeichnis

Den einzelnen Punkten zugeordnete E-Mails

1. Meine Mutter ist schuld an diesem Buch

Ich höre sie immer noch sagen: „Neue Welten kennenlernen! Junge, was Du da machst ist der Traum so vieler Menschen! Erlebe es nicht einfach nur so, Du vergisst es danach. Schreibe! Schreibe auf, was Du erlebst und wenn es nur E-Mails an mich sind, aber mach etwas! Später wirst Du Dich freuen, Deine eigenen Zeilen lesen zu können." Meine Mutter kann schreiben. Für mich ist das Neuland. Ich habe fast nie eigene Erlebnisse aufgeschrieben. So ist die erste E-Mail, die wir nur an eine Handvoll Familienmitglieder und Freunde verschickt haben, noch recht unbeholfen. Sie ist mehr als die erste E-Mail am Beginn einer Reise. Ihr Betreff: Von wegen Weltreisen!

I. New York und Vancouver

“Von wegen Weltreisen!”

Hier ein kleines Lebenszeichen von uns. Wir haben heute New York verlassen und sind auf dem Weg nach Vancouver. New York hat uns wieder einmal gut gefallen. Wir haben einen neuen Park entdeckt: „High Line". Dieser wurde auf einem alten Eisenbahn-Hochtrakt errichtet und führt vom „Meatpacking-District“ nordwärts fünf Meter über den Straßen von New York mit einem tollen Panorama und vielen kleinen versteckten Details. Er ist unbedingt einen Besuch wert! Das Wetter war ideal mit Temperaturen zwischen 22°C und 29°C und einer leichten Brise.

Besonders liebe ich die Wochenenden im Central Park. Die Masseneuphorie steckt mich so sehr an, dass ich bestimmt fünf Minuten schneller laufe als sonst. Diese Stadt ist großartig und wir werden hoffentlich noch mehr Zeit hier verbringen. Im Flugzeug sitzend wissen wir nicht, ob wir nun traurig sind, New York schon wieder verlassen zu müssen oder ob wir uns auf Vancouver freuen sollen (kleiner Scherz!). Für Vancouver ist sommerliches Wetter bis 26°C vorhergesagt. Vielleicht gehen wir Kajaken. Ab Mittwoch sind wir dann für etwa zwei Wochen an Bord eines Kreuzfahrtschiffes und dürften zumindest zeitweise ohne Internet sein. Am 10.Oktober werden wir in Kobe, Japan, wieder von Bord gehen.

2. Lucas ist schuld an dieser Reise

Die Geschichte dieser Reise beginnt viel früher. Sie beginnt in Berlin. Ich war Anfang / Mitte Zwanzig und seit ein paar Wochen hoffnungs-los verliebt, in Lucas, das erste Mal in meinem Leben! „Twosome" wäre das Wort, wenn ich mich mit einem beschreiben müsste, also jemand, der in Liebe wächst und ansonsten wieder auf Normalmaß schrumpfte.
Ich erlebte in unseren ersten Wochen, was Liebe, oder besser verliebt sein in mir auslöste. Es war, als konnte ich mich selber wachsen

sehen, und dass jetzt vieles, sehr vieles möglich war, was vorher für mich unmöglich erschien.
Wir saßen auf dem Gendarmenmarkt in Berlin, es war Mai, das Wetter sonnig und warm, wir tranken Berliner Weiße mit Schuss (Himbeere).
Wir philosophierten über die Liebe, das Leben, Gott und die Welt, als dann das Wort zum ersten Mal in der Berliner Luft lag: Weltreise!
Ich weiß nicht, ob es an meinem Zustand lag oder woran sonst, aber ich hörte Lucas Worte und hörte das, was ich schon immer machen wollte: Eine Weltreise!
Ich hatte schon früh erkannt, dass ich gerne reise, und ich empfand Seelenverwandtschaft mit Lucas. Ich stellte mir vor, mit Lucas um die Welt zu reisen.
Alle seine Worte machten Sinn. Ich empfand das als ein Zeichen und als Glück. Es war Frühling, und die Sonne war warm.
Dieses ist die Geschichte einer Reise und keine Liebesgeschichte im klassischen Sinn.
Die zweite E-Mail nach Hause hat mir schon etwas mehr Spaß gemacht.

II. Von Vancouver nach Japan

„25/8"

Viele Grüße aus dem hohen Norden.
Wir sind seit ca. einer Woche auf dem Schiff von Vancouver nach Kobe/Kyoto in Japan. Uns geht es gut. Wir lesen jeden Tag tonnenweise Reiseführer, sind ein- bis zweimal täglich im Fitness-Studio, essen dreimal täglich und versuchen dennoch gleichzeitig abzunehmen.
Die Fahrt selber ist recht unruhig, das Wetter eher schlecht und stürmisch. Die Gangway ist als Laufpiste nicht geeignet und so bin ich lieber auf dem Crosstrainer. Zwei Tage war es so unruhig auf dem Schiff, dass die Fahrstühle außer Betrieb genommen wurden, was für manche Gäste an Bord ein echtes Problem ist.
Wir selber genießen die Zeit, die wir für uns haben - so ganz ohne Internet.
Die Uhr wird täglich um eine Stunde zurückgestellt und so haben die Tage (insgesamt 8) an Bord 25 Stunden. Gestern haben wir dann die Datumsgrenze überschritten und somit einen ganzen Tag "verloren".
Wir sind also am 28.09.schlafen gegangen und am 30.09. wieder aufgewacht.

3. Alle zehn Jahre etwas Neues

Der Tag in Berlin, an dem wir uns so in Rage philosophierten, hatte noch mehr Überraschungen für mich parat.
Wir sprachen über das kurze Leben, dass wir beide in ihm viel erleben wollten, und dass Lucas möglichst alle zehn Jahre etwas Neues machen möchte.
Ich brauchte eine Weile, um zu verstehen, was Lucas meinte. Er war zu dem Zeitpunkt dabei, sich als Arzt niederzulassen und hatte ein paar wichtige Entscheidungen zu treffen.
Er hatte ein Medizinstudium hinter sich, und wir debattierten über den richtigen Standort der zu eröffnenden Praxis, in die ja auch investiert werden musste.
Anfangs machte es für mich keinen Sinn, all diese Strapazen auf sich zu nehmen, um dann nach zehn Jahren wieder etwas Neues zu beginnen.
„Lass uns nie unsere Träume aufgeben und unser Leben selber in die Hand nehmen. Es ist kurz und irgendwann ist es zu spät, etwas zu ändern“, waren sinngemäß seine Worte.
Mich hat das damals beeindruckt: Mut, Kraft, Selbstbewusstsein. Diese Lebenseinstellung war scheinbar so grenzenlos optimistisch, und alles im Leben schien möglich, aber ich hatte auch meine Zweifel, ob das „echte“ Leben hier nicht auch noch ein Wörtchen mitzureden hatte.

„An dem Tag, an dem ich die Praxis eröffne, kannst du anfangen, zehn Jahre rückwärts zu zählen und dann gehen wir auf Weltreise!"
Kurz danach fing ich an zu studieren. Lucas eröffnete seine Praxis.

III.Der Taifun

Tag 1

Seit Tagen läuft auf CNN eine Taifun-Warnung für die Region Tokio für genau den Tag, an dem wir Yokohama (Hafen von Tokio) anlaufen sollten. Unsere Reiseroute wurde deswegen schon vor drei Tagen geändert, so dass wir jetzt nicht südostwärts, sondern südwestwärts von Japan, irgendwo im Japanischen Meer zwischen Korea und Japan schippern. Hier an Bord hat das schon zu einigem Unmut geführt, da ausgerechnet Tokio aus dem Programm gestrichen wurde. Einige Gäste hatten eigene Ausflugsprogramme gebucht, die jetzt verfallen. Bis heute Mittag war noch alles ruhig. Wir haben bei um die 22°C draußen im T-Shirt gesessen und die See war fast verdächtig ruhig. Jetzt aber (nachmittags 15 Uhr) geht es langsam los. Der Taifun wird in 12 Stunden das Gebiet um Kobe erreichen und dann Richtung Tokio weiterziehen. Das wird auch die Zeit sein, in der wir am meisten vom Taifun spüren werden. Für das gesamte Japanische Meer (die sicherere

Seite, auf der wir uns befinden) sind dann knapp 100 km/h Windgeschwindigkeit vorhergesagt. Soeben hat der Kapitän durchgesagt, dass heute Abend evtl. alle Veranstaltungen wetterbedingt abgesagt werden müssen. Ausgerechnet heute wird im Restaurant „Surf and Turf“ (Hummer und Steak) serviert, der klassische kulinarische Höhepunkt einer Kreuzfahrt. Na, wenn das keine Henkersmahlzeit ist! Bis Morgen (hoffentlich)!

Tag 2   nachts 3:00 Uhr

Ich bin aufgestanden und schreibe. Das Schiff wankt ganz schön in alle Richtungen, die Kabine knarrt und stöhnt aus allen Ecken. Ungewöhnlich erscheint aber, dass das Schiff ruckelt als ob es eine Treppe herunterfährt, wenn es in ein Wellental sackt. Der Blick aus der Kabine ist echt aufregend. Obwohl es tiefe Nacht ist, kann man alle Einzelheiten erkennen. Der Mond, obwohl hinter Wolken, erhellt den Himmel und die Meeresoberfläche.
Die nächtliche Beleuchtung des Schiffes wirft ein besonderes Licht auf die Wellen. Das Meer ist gezeichnet von Wellenbergen und –tälern, die sich aus unterschiedlichster Richtung brechen.
Hinzu kommen die Geräusche des Sturms, bei völligem Fehlen anderer Geräusche, und die Dunkelheit der Nacht.
Verstärkt wird das Gefühl wohl auch durch den etwas irritierten Gleichgewichtssinn. Das ist schon recht einmalig und ich kann es durchaus

genießen. Ich bin jetzt aber doch zu müde und gehe wieder ins Bett.

Tag 2   morgens 7:00 Uhr

Es ist etwas weniger stürmisch geworden und wir durchqueren jetzt eine Inlandspassage. Das Schiff liegt recht ruhig im Wasser. Das Zentrum des Taifuns muss jetzt in der Nähe von Tokio sein und wir sind weit weg davon auf der anderen Seite der Insel. Der Kapitän sagt für heute Abend, wenn wir wieder auf den offenen Pazifik stoßen, wieder rauere See voraus. Der Taifun wird dann aber vorbei sein und für alle unter Euch, die sich meine Geschichte noch etwas spannender gewünscht hätten, TUT MIR LEID, da müsst Ihr Euch wohl doch noch einmal „Titanic“ ansehen.

4. Reaktionen unserer Freunde

Mit der Zeit gewannen Lucas und ich gemeinsame Freunde, mit denen wir gerne in ausgelassener Stimmung stundenlang aßen und tranken, gerne mit Käse und Wein. Manchmal sprachen wir über unsere geplante Auszeit, in der wir auch reisen wollten. „Super! Macht das! Das ist eine tolle Sache!“

Da unsere Weltreise, unsere Auszeit, damals irgendwie nicht greifbar war und noch so weit in der Zukunft lag, war sie auch wenig real und hatte etwas Verträumtes.

Und alle konnten mitträumen! Jedem fiel irgendetwas ein, was er machen würde, wenn er in etwa zehn Jahren eine Auszeit nähme. Über etwas so Tolles, was zudem noch zeitlich so weit entfernt lag, zu sprechen, war so, als ob man über einen potentiellen Lottogewinn philosophierte. Jedem fiel sofort ein, was man damit machen würde.

Menschen, die mich gut kennen, sagen oft, ich sei ein Träumer. Ja, ich neige dazu, mich auf die positiven Dinge im Leben stärker zu fokussieren, als auf die negativen. Ich sehe die Welt oft so, wie ich sie gerne hätte, nicht so wie sie tatsächlich ist.

Das birgt die Gefahr in sich, zu scheitern

Ich habe früher häufiger den einen oder anderen sagen hören, dass er mit fünfzig aufhören will zu arbeiten, spätestens aber mit fünfundfünfzig.

Viele haben dann doch zu spät aufgehört, um ihre Jugendträume noch zu verwirklichen.
Die Abende mit unseren Freunden endeten dann mitunter auch mit diesem Gefühl, dass wir vielleicht, wie so viele andere auch, unseren Traum nie verwirklichen würden.

Nach solchen Abenden haben Lucas und ich uns oft vorgenommen, unseren Traum nicht verblassen und sterben zu lassen.
Die Abende mit Freunden und dem Thema Weltreise wurden mit der Zeit seltener.

IV. Japan

„Eine andere Welt“

Koya-San, 15. Oktober. Es ist Abend und wir sind im Kloster. Dazu später mehr.
Ideale Zeit also, einen neuen Reisebericht zu verfassen. Seit fast einer Woche sind wir nun in Japan und können bestätigen: Japan ist anders.
Es fing eigentlich gar nicht so gut an. Wir sind als erstes Ziel in Japan erstmalig in Hakodate von Bord gegangen - das war noch vor dem Taifun- und wir waren zunächst ziemlich enttäuscht. Kaum schöne Häuser, recht enge Straßen, angerostete Schiffe, keine schönen Einkaufsstraßen, ein bisschen zweite Welt

Feeling und dann fing es auch noch an zu regnen.
Später sollte sich dieser eher negative erste Eindruck jedoch noch erheblich relativieren.
Nach dem Taifun wurde alles besser. Am ersten Tag nach der Ankunft in Kobe sind wir nach Himeji zur Burg der weißen Reiher (16.Jhd.) gefahren. Eine der schönsten Burgen des Landes, sehr beeindruckend und pittoresk.
Danach haben wir uns dann unseren ersten "richtigen" grünen Tee (Matcha) in einem japanischen Teehaus gegönnt. Das Haus und vor allem der Garten sind faszinierend schön und die Teezeremonie wirklich einmalig. Der Tee ist eher dickflüssig, wird aus einem Pulver aus 20 bis 50 Jahre alten Teestauden zubereitet und vor dem Servieren aufgeschlagen. Die Kellner und Serviererinnen tragen Kimonos. Die Zeremonie selber ist sehr aufwendig, und trotz großer Konzentration und Anspannung haben wir vermutlich alles falsch gemacht. Alle geben sich viel Mühe und sind sehr freundlich, nur der Tee schmeckte nicht.
Später habe ich Matcha noch einmal probiert und da schmeckte er mir dann schon besser. Der „einfache“ grüne Tee, den man überall zu kaufen bekommt, schmeckt mir hingegen gut - erstaunlicherweise sogar auch ohne Zucker.
Am folgenden Tag war unsere Schiffsreise beendet und wir fuhren nach Kyoto. Soweit ich weiß, die Stadt mit den zweit meisten Weltkultur-Erbe-Titeln nach Rom.

Kyoto ist ein absolutes Highlight jeder Japanreise – so viel vorab!
Zwei Tage haben wir Kyoto per Fahrrad erkundet. Zwei Tage in dieser außergewöhnlichen Stadt waren definitiv nicht genug! Das Foto von dem goldenen Pavillon ist von hier und ich bin hin und weg von der Schönheit dieser Stadt!

Das Wetter ist zum Reisen eigentlich ideal; tagsüber bis maximal 27°C und nachts kühlt es auf etwa 14°C ab. Wenn die Sonne ungehindert vom Himmel scheint, und dass tut sie fast immer, brennt sie auf der Haut. Auch kommt mir das Sonnenlicht hier viel heller, fast grell, vor. Vermutlich sind deshalb auch fast alle Fenster verdunkelt und außer einigen "Gojiis" (=Fremden) sitzt auch niemand draußen,

geschweige denn in der Sonne! Tagsüber ist T-Shirt-Zeit, und abends brauche ich einen Pullover. Ganz so wie ich es mag.
Wir sind übrigens nur noch sieben Stunden (Sommerzeit) von Euch entfernt. 17 Stunden Zeitumstellung (-en) haben wir in den letzten Wochen schon hinter uns.
Von Kyoto aus ging es weiter in die Berge nach Koya-San. Zuerst anderthalb Stunden mit der Bergbahn und den letzten Abschnitt dann per Seilbahn. Wieder eine andere Welt. Dieser Ort mit zahllosen Klosteranlagen ist 1.300 Jahre alt und auch Weltkulturerbe. Das Schönste hier ist der Friedhof.

Auf diesen Friedhof soll Buddha eines Tages zur Erde zurückkommen, und deshalb wollen alle Gläubigen am liebsten hier beerdigt werden, um -wenn es soweit ist- in erster Front zu stehen. Viele Pilger hinterlegen zumindest eine Locke *ihrer verstorbenen Verwandten, wenn diese hier schon nicht beerdigt werden können. Über den Friedhof, in einem mystischen Wald aus ebenso alten Zedern gelegen, verteilen sich heute geschätzte 200.000 Gräber, die zum Teil schon vor über tausend Jahren angelegt wurden und vermutlich immer wieder neu belegt werden. Einige Gräber sind sichtbar uralt und völlig verwildert. Fraglos der mit Abstand schönste Friedhof, den wir beide je gesehen haben.*

Nach dem vegetarischen Abendessen in einem Kloster (alle Mahlzeiten sind vegan), was ausgesprochen abwechslungsreich und lecker war, sind wir nach Einbruch der Dunkelheit noch einmal über diesen Friedhof gegangen. Keine Angst, dass ist hier durchaus üblich! Kleine Lämpchen in den typischen japanischen Steinlaternen beleuchten den Weg und werfen Schatten auf Gräber und Zedern. Eulen und Kauze verstärkten mein Feeling noch. Es ist schon recht spooky. Morgen früh klingelt um 5:30 Uhr der Wecker und dann geht es zum Frühgebet zu den Mönchen.
Übermorgen wollen wir nach Nara. Nara soll kulturhistorisch die wertvollste Stadt Japans und Wiege der japanischen Kultur sein.
Wir sind gespannt.
Eine Woche später (20. Oktober) in Beppu. Japan gefällt uns immer noch sehr gut.
Westerland fällt mir komischerweise spontan ein, wenn ich Beppu beschreiben soll. Die Stadt liegt am Meer auf Kyushu, der südlichsten der drei

großen japanischen Inseln. Beppu ist berühmt für seine 3.000 heißen Quellen, die sich aus der vulkanischen Tiefe ergießen und wir genießen die japanische „Saunakultur".
Heute Abend waren wir in einem heißen Schwefelschlammbad (ca.42°C). Als wir den Onsen, so eine Art Badeanstalt, gegen 19:30 betraten, kam uns ein Pärchen entgegen, das das Bad gerade verließ. Es sollten die Letzten sein, die uns hier begegneten (Öffnungszeit bis 22 Uhr).
Es war schon tiefdunkel und wie fast immer war der Himmel wolkenlos. Die (Außen-) Becken waren schlecht ausgeleuchtet, versteckt hinter Bambuszäunen, und man musste aufpassen, sich nicht zu verletzen. Im Umkreis von 50 m zischten ungefähr 10 Dampfauslassrohre laut in die Nacht, und der Himmel war vor lauter Dampf kaum noch zu sehen. Die Becken mit dem heißen Schlamm waren ungefähr 80 cm tief. 30 cm davon bestanden aus reinem Schlamm, der gar nicht so rein war, wir fanden auch Laub. Es hätte mich auch nicht wirklich überrascht, wenn wir dort Aale im Schlamm ertastet hätten (was natürlich Quatsch ist).
Gott sei Dank kamen keine Japaner mehr, denn wir konnten die Schilder nicht lesen und hatten wohl wieder alles falsch gemacht.
Obwohl wir hier durchaus gemischte Gefühle hatten, tat uns das einstündige Bad gut, und es war schon ein besonderes Erlebnis. Wir sind inzwischen in mehreren kleineren und größeren Städten (unter anderem Hiroshima,

Friedensdom) gewesen, haben einen kochenden grünen Kratersee gesehen, sind mit dem Hochgeschwindigkeitszug (Shinkansen) und japanisch quasselnden Autos (Linksverkehr) gefahren und morgen werden wir Fugo essen, den Fisch, der, falsch zubereitet, zum Herzstillstand führt. Nur wenige Köche in Japan haben eine Lizenz für die Zubereitung. Japaner sind sehr freundlich und sehr sauber. Ich empfand die Freundlichkeit der Amerikaner und Kanadier immer schon als sehr angenehm, aber die Japaner wirken noch einmal eine Spur freundlicher. Auch wenn sicher auch hier vieles einfach zum Ritual gehört. Straßen, Züge, Restaurants, alles ist pikobello. Ich habe auch noch kein Graffiti gesehen. Man findet absolut keinen Müll auf den Straßen, allerdings auch keine Papierkörbe.

Ob ich das nun wirklich alles so unkritisch sehe, ist eine andere Sache, auf den Besucher wirkt es jedoch zunächst angenehm.

Manches ist für uns, nun sagen wir mal, gewöhnungsbedürftig. Zum Beispiel ein Restaurantbesuch.

Bereits unmittelbar nach Betreten des Lokals - meistens durch eine Holzstufe gekennzeichnet- müssen die Straßenschuhe ausgezogen und durch Pantoffel ersetzt werden (man betritt ein Haus nie in Straßenschuhen!). Ein Flur führt dann häufig in den rechten und linken Speisebereich, welche wiederum aus vielen kleineren und größeren abgetrennten Abteilen besteht. Japaner essen am liebsten für sich, in

einem abgetrennten, nicht einsehbaren Raum. Vor dem eigentlichen Speiseplatz, in der Regel durch Bastmatten (Tatami) gekennzeichnet, müssen dann auch die Pantoffel ausgezogen werden. Die Hausschuhe bleiben draußen, ganze zwei Meter von den Straßenschuhen entfernt. Auf den Matten sind nur Socken erlaubt. Klar, auf der Couch trägt man ja schließlich auch keine Hausschuhe.
Wenn man während des Essens auf die Toilette muss, und die Toilette im anderen Teilbereich des Restaurants liegt, wird es richtig lustig. Barfuß (in Socken) raus auf den Flur, Hausschuhe an, 1,5 Meter über den Flur, Hausschuhe wieder aus. Bis zur Toilette wieder barfuß, dort Wechsel in bereitgestellte Toilettenpantoffel (Foto), welche nur dort getragen werden dürfen! Ist das nicht komisch?

Die nächste Besonderheit sind die sehr verbreiteten (Achtung! Jetzt wird es heikel!) ultra modernen Toiletten. Es beginnt schon mit dem Öffnen der Toilettentür: Wie von Zauberhand öffnet sich der Toilettendeckel automatisch. Die Toilettenbrille ist dauerbeheizt. Die Toiletten verfügen des Weiteren über eine Popo-Spül-Düse und danach wird alles trockengeföhnt. Eine tolle Erfindung - echt japanisch !!!

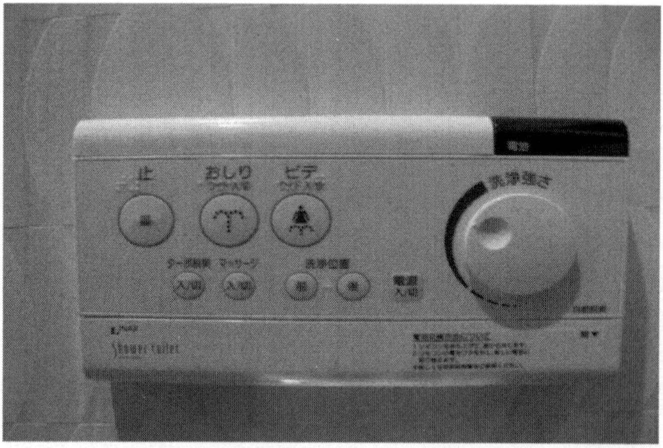

Nur, wer das nicht gewohnt ist, für den kann das schon recht komisch werden ... wenn so ein Duschstrahl zum ersten Mal zur Arbeit antritt!
Langnasen (Europäer) erkennt man in Japan nicht nur an ihren langen Nasen, sondern auch an ihrem erheiterten Gesicht, wenn sie von der Toilette kommen.
Wenn die Japaner dann auch plötzlich erheitern, liegt das mit hoher Wahrscheinlichkeit nicht an

ihrer üblichen freundlichen Art, sondern vermutlich an den Toilettenschuhen, die man vergessen hat auszuziehen!!!
In diesem Sinne
Und mit erheiterten Grüßen

5. Motivation Weltreise

Lucas Praxis entwickelte sich gut, mein Studium brachte mir Selbstwertgefühl ein, das ich dringend für mein Ego brauchte, so an der Seite eines Arztes.
Nach wenigen Jahren waren wir beide dann Profis und hatten unseren Platz in der Gesellschaft gefunden. Um uns herum machten alle irgendwie Karriere und wurden häuslich.
Dann irgendwann hatten wir ein interessantes Gespräch mit einem befreundeten Piloten. Wir sprachen über Qualifikation und Unterforderung. Super ausgebildet und doch fühle er sich unterfordert, also häufig trotz hochspezialisierter Tätigkeit gelangweilt, weil sich so viel so oft wiederholt.
Für mich hatte der Beruf des Piloten immer etwas Atemberaubendes. In der Nase des Flugzeuges, die ganze Kraft der Technik spürend und sich ganz klein und zerbrechlich fühlen, da die Natur so etwas für mich Unermessliches geschaffen hat wie Luft, die mit der Kraft versehen ist, alles klein und

zerbrechlich wirken lassen zu können, faszinierend.
Selbst auf einem ruhigen Flug vermag ich in die Schönheit, die ich sehe, einzutauchen und stundenlang still zu sein ohne irgendetwas zu denken. Ich wäre in einem Cockpit wohl nie unterfordert.
Unser Freund hatte aber noch Jahrzehnte in seinem Beruf vor sich und mir wurde klar, dass die gleiche Problematik auch für Ärzte galt. Mir schoss eine Zahl in den Kopf, wie viele Ärzte regelmäßig Alkohol trinken und ich sah wieder zurück zu unserem Freund, dem Piloten und dachte: Kann er bei der Lufthansa als Pilot eigentlich ein Sabbatical einlegen?
Was mir eigentlich durch den Kopf ging, war, dass wir mit unserem Plan, mitten im Leben eine Weltreise zu machen, etwas hatten, was das Arbeitsleben nicht so lang erscheinen lässt. Das Leben ist kurz und kommt ohne Garantie auf ein langes Dasein. Unsere geplante Weltreise war mehr Motivation als wir dachten.

V. Japan

„Fuji und Shinkansen“

Zurzeit sitzen wir im Shinkansen nach Tokio und warten auf den Fuji. Leider konnten wir den Berg nicht in unsere Reiseplanung einbauen, und so haben wir heute eine Strecke gewählt, die zwar

eine Stunde länger dauert, aber uns vom Zug aus mit 300 km/h am Fuji vorbeidüsen lässt. Ich bin gespannt auf diesen riesigen Kegel mit der schneebedeckten Kuppe. Das Wetter scheint mitzuspielen. Es sind 18°C draußen, bei sonnigem Wetter und Windstille.
Die letzten drei Tage waren wir auf der, für japanische Verhältnisse, dünn besiedelten Noto-Halbinsel. Sehr schön und ursprünglich, aber nichts, was Europäer in Scharen kommen ließe. So waren wir selbst die einzigen Langnasen, die wir in den letzten drei Tagen zu Gesicht bekommen hatten und entwickelten uns zur Attraktion für die Einheimischen. Wir schienen mehr Aufmerksamkeit hervorzurufen als so mancher Küstenblick.
Autofahren selber ist hier nicht sonderlich schwer. Das wir im Ausland so manches Schild nicht lesen können, kennen wir ja, und schließlich haben wir ein Navi (nur auf Japanisch!). Das reicht aus. Die Beschilderungen sind teilweise auch nur auf Japanisch, entscheidende Hinweise jedoch oft auch auf Englisch.

Nur beim Tanken brauchen wir auf jeden Fall Hilfe. Die Tankautomaten (!) sind nur auf Japanisch und so kompliziert, dass auch die uns helfenden Japaner nicht immer gleich damit klarkommen. Außerdem werden keine nichtjapanischen Kreditkarten angenommen.

Nur Bares ist Wahres! Autofahren selber ist hier ultra langweilig und völlig überreguliert. So, das war`s mal wieder.

6. Zweifel

Unsere Arbeitswoche hatte eher sechzig als fünfzig Stunden und kam mit Erfolg, Sicherheit und Spaß. Alles, was man nicht gerne loslässt, nachdem man es liebgewonnen hat. Wir hatten unseren Rhythmus gefunden, um bestens durchs Leben zu kommen.
In einigen Jahren werden wir alles aufgeben, eine Weltreise machen und danach neu starten, oder? Kann es sein, dass auch wir unseren Traum langsam sterben lassen und irgendwann beerdigen? Die meisten Menschen, die in ihrem Leben eine Weltreise machen, tun dies, wenn sie mit ihrer Ausbildung fertig sind, bevor sie sich häuslich niederlassen oder nach der Pensionierung. Viele Menschen träumen von einer Weltreise, aber die wenigsten machen sie. Warum ist das so? Machen die vielen Träumer einen Fehler, wenn sie letztendlich nicht reisen?
Von Zeit zu Zeit kamen in uns Zweifel auf, ob das alles richtig war, was wir vorhatten.
Weder wir noch irgendeiner unserer Freunde kannte jemanden, der mitten im Leben für so eine lange Zeit um die Welt gereist war. Für die Zeit nach unserer Weltreise, nach unserem

Neustart, werden wir eine neue Motivation brauchen! Welche wird das sein? Eine neue Weltreise, abermals zehn Jahre später? Wird uns das als Motivation reichen? Ist das ein Grund, warum viele, die eine Weltreise machen könnten, letztendlich doch nicht reisen: Um danach nicht ohne Motivation zu sein?

Müssen wir denn eine Weltreise machen?

Reicht es nicht, nur davon zu träumen?

VI. Japan III

„Tokio“

Tokio ist gigantisch!!! Ich glaube nicht, dass ich schon einmal in einem Ort war, in dessen im Umkreis von 50 km 34 bis 36 Millionen Menschen wohnen. Metropolis!
Wir wohnen im 34. Stock, und um uns herum nichts als Hochhäuser.

Wenn man aus unserem Hotel kommt, steht man vor einer dreistöckigen Schnellstraße. Unter dieser liegt eine weitere Tunnelstraße und darunter befindet sich ein Fußgängertunnelsystem mit Shopping Mall für drei sich kreuzende U-Bahn-Linien, die weitere drei Ebenen beanspruchen. Lucas und ich streiten bis heute, wie viele Ebenen es nun wirklich sind, auf jeden Fall ist es gigantisch.
Das System funktioniert auch als ein unterirdisches Fußgängerleitsystem.
Man sollte sich die Nummer des Ein- bzw. Ausganges gut merken, um sein Ziel zu finden.
Unser Hotel hatte den Ausgang C13. Man läuft endlose Strecken unterirdisch und steht dann beim Verlassen des Systems genau dort, wo man hinwollte, was ich schon sehr einmalig finde!

An anderen Haltestellen kann man aber auch auf Ausgänge mit den Bezeichnungen B6-F3 treffen. Wenn man ohne Gesprächspartner und ohne Musik im Ohr durch die Gänge läuft, kann man schon auf komische Gedanken kommen. Ich habe versucht, mit geschlossenen Augen Herkunft und Typ meiner Mitreisenden am Klang ihrer Schritte zu identifizieren. Sehr interessant, wie sehr man sich irren kann. Ich frage mich, ob das wohl schon erste Anzeichen einer Großstadtneurose sind.

Japaner sind Fischesser und Tokio hat den größten Fischmarkt, den ich je gesehen habe. Er ist sichelförmig angelegt, ähnlich einem Lockschuppen. Wir konnten in zwei Stunden nur einen kleinen Teil ablaufen. Für Touristen ist er wahrlich nicht konzipiert, und so stören diese eigentlich nur, was letztere aber nicht wirklich stört. Nur an einigen wenigen Verkaufsständen werden haushaltsübliche Mengen angeboten und Probieren ist leider gänzlich unüblich!

Elektrokarren, die das Chaos bestimmen, hupen nur einmal, wenn wieder einmal so eine Langnase im Weg steht und das heißt „Ich fahre!". Dann bleibt nur noch kurze Zeit, beiseite zu springen, sich an einen Stand zu schmiegen und Angst um seine Füße zu haben.

Leider waren wir auch mal wieder schlauer als unser Reiseführer, der für den Besuch des Fischmarktes Gummistiefel empfahl (aber wer bitte nimmt den schon Gummistiefel mit auf Reisen) und so schauten wir sorgenvoll auf unsere Schuhe. Abends mussten wir dann

ordentlich Schuhe putzen, aber egal, der Markt war Klasse.
Die Japaner sind ein sehr freundliches Volk und dass Großstadtmenschen unfreundlicher sind als Kleinstädter können wir für die Tokioter nicht bestätigen. Als wir uns einmal verlaufen hatten, fragte ich kurzerhand einen Japaner, der mit uns an der Ampel stand, nach dem Weg. Das hätte ich mir besser überlegen sollen! Der nahm nämlich den Adresszettel, nickte freundlich und marschierte mit uns im Schlepptau munter los, querfeldein über große Kreuzungen, durch enge Gassen und immer zügig fünf Meter voraus. Wir kamen kaum hinterher. Dann plötzlich - nach zehn endlos wirkenden Minuten -hielt er inne und wir waren vor dem gesuchten Laden. Er legte seine Hände auf die Oberschenkel, verbeugte sich, wobei die Hände auf dem Oberschenkel runter bis auf die Knie rutschten. Das bedeutete so viel wie „bitte sehr“. Lächelte noch einmal freundlich und ging offensichtlich wieder zurück in die Richtung aus der wir ihn entführt hatten. Uns war das Alles ein bisschen peinlich. Wir hatten nicht gewollt, dass er sich so einen Umstand macht, aber was sollten wir machen: Er sprach kein Englisch.
Am 02. November haben wir dann Tokio in Richtung Peking verlassen. Wir hätten gerne auch noch einmal vier Wochen bleiben können. Am Tag vor unserer Abreise kletterte das Thermometer noch einmal auf 27°C, und das war mir fast zu warm. Aber es sollte schnell „besser“ werden.

7. *Ausrufezeichen*

Neun Jahre nach unserem Beschluss, eine Weltreise zu machen, erkrankte Lucas Vater an Krebs, mehr oder weniger topfit und voller Lebenslust. Ihn traf die Diagnose aus heiterem Himmel. Er hatte erst kürzlich eine neue Liebe gefunden, die zweite in seinem Leben, und in die Familie eingeführt. Er verneinte sein Schicksal und fing an, gegen den Krebs zu kämpfen. Er konnte nicht sterben, er hatte noch so viel vor. Für uns waren das schwere Monate. Für Lucas, als Arzt, war das besonders schwer. Es ging nicht nur um seinen Vater, den er als Sohn betreute, wie es so viele andere Söhne auch tun, sondern auch um seine Rolle als Arzt. Es musste doch noch irgendetwas geben! Ich wusste um Lucas nächtelange Bemühungen um seinen Vater, um die Zeit, in der alles hinten anstand, und um den verzweifelten Wettlauf gegen die Zeit.
Es folgten sechs lange Monate des Kampfes gegen den Krebs, den sein Vater schließlich verlor. Zum Schluss war er nur noch ein Schatten seiner selbst. In den folgenden Wochen versprachen wir uns, in einem Jahr mit der Planung für unsere Weltreise anzufangen.
Der zu frühe Tod von Lucas Vater machte uns sensibel für das Leben. Ungefähr zur gleichen Zeit trafen wir einen befreundeten Kollegen von Lucas, der ebenfalls kurz zuvor seinen Vater verloren hatte. Er sagte einen Satz, der sich in

mein Hirn einbrannte: „Ja, die Einschläge kommen näher!"
Lucas ist deutlich jünger als besagter Kollege, und von seinen und meinen Eltern war Lucas Vater bisher der Einzige, der verstorben ist. Konnte man also wirklich sagen: Die Einschläge kommen näher?
Wir verstanden aber die Zeichen, die Ausrufezeichen am Wegesrand. Wir tun gerne so, als ob wir ein Recht darauf haben, alt zu werden. Und wenn nicht?
Was wird dann aus unseren Träumen?
Wir wussten, was wir in den nächsten Jahren zu tun hatte.

VII. Peking

„Mao und nicht Ernst"

Als wir Pekings Flughafen anflogen, trauten wir unseren Augen kaum: alles Schneeweiß! Die Begrüßung durch den Taxifahrer fiel äußerst unfreundlich aus. Er hatte unsere Koffer nicht angefasst, stand mit verschränkten Armen da und musterte uns. Für mich kein Problem. Ich konnte unsere Koffer auch alleine in den Kofferraum stellen. Plötzlich schrie er mich an - auf Chinesisch - und ich zuckte zusammen. Ich hatte die Koffer längst reingestellt. Koffer gehören quer! Jawohl Herr Obertaxifahrer!

Auf der Fahrt ins Hotel haben Lucas und ich es vorgezogen, nicht miteinander zu sprechen. Nachmittags, so gegen 15 Uhr, zogen wir zu Fuß los, um uns einen ersten Eindruck von Peking zu verschaffen, bei schönstem Sonnenschein, minus 2°C und eisigem Wind. Wir hatten alles angezogen, was unsere für Sommer und Sonne gepackten Koffer so hergaben und zogen sozusagen siebenlagig los. Wir sahen schon recht komisch aus. Gott sei Dank haben wir ja alles in schwarz.

Am „Platz des Himmlischen Friedens" kamen wir dann auch gleich in eine Polizei- und Armeeabsperrung. Der ganze Platz, inklusive Fußgänger und Autoverkehr, wurde gestoppt.

Na, das hatte ich mir genauso vorgestellt, dass hier für jeden Bonzen und Neubonzen ständig

das Fußvolk Platz machen muss. Es sollte allerdings das einzige Mal gewesen sein, dass wir so etwas in Peking erlebten.
Wie auch immer, die Massen stauten sich, und es wurde immer enger. Vor mir stand ein Mann, der sich wohl schon sehr lange nicht mehr gewaschen hatte.
Ich habe nichts Grundsätzliches gegen ungewaschene Menschen ... nur in meiner Nähe kann ich sie wirklich nicht ertragen, und so mussten wir beide leider den Platz verlassen, ohne den oder die China-VIPs gesehen zu haben.
Nach eineinhalb Stunden mussten wir dann auch unseren Spaziergang abbrechen.
Durch den scharfen Wind drohten unsere Hände in den Hosentaschen abzufrieren.
Am nächsten Vormittag ging es dann in die "Verbotene Stadt", einem faszinierenden Ort. Eigentlich wollten wir nur den Vormittag dort verbringen, geblieben sind wir dann den ganzen Tag, und es hätten gerne noch weitere drei Tage sein dürfen. Je mehr man erfährt, desto mehr möchte man wissen. Es ist wunderschön hier. Wie besonders es für uns tatsächlich war, sollten wir erst Tage später erfahren.

Durch den Wind und den plötzlichen Kälteeinbruch war der ganze Smog abgezogen, und über Peking strahlte ein selten blauer Himmel.
Ein Touristenführer erzählte uns später, dass er in den letzten fünf Jahren seiner Tätigkeit nur einmal einen so schönen Himmel über Peking gesehen und an jenem Tag selber viele Fotos geschossen habe.
Am nächsten Tag wollten wir ins Mausoleum. Gehört halt irgendwie dazu, auch wenn es eigentlich wenig bis gar keinen Grund gibt, diesen Mann zu huldigen. Auf dem „Platz des Himmlischen Friedens" begann irgendwo eine Menschenschlange, die ins Mausoleum führte, erst acht – bis zwölfreihig, dann sich ständig verjüngend. Ich wurde natürlich herausgefischt, weil ich eine Kamera bei mir trug und sollte diese jottwedeh deponieren. Da kennen die uns aber schlecht ... dachten wir. Kamera unter die

Jacke und dann schnell wieder im Getümmel untergetaucht. Wenn alle 20 m ein Wachmann kritisch die Masse überprüfte, zog ich meinen Bauch ein und hielt die Luft an, damit die Kamera nicht auffiel, was auch immer klappte, bis zur Durchleuchtung (wie am Flughafen).
Da hatten wir die Chinesen unterschätzt. Lucas hatte Mao schon bei seinem ersten Besuch in Peking gesehen und ich noch nicht. Er nahm die Kamera und wartete am Ausgang auf mich.
Die ganze Prozedur des Besuches, die riesige Halle und die Menschenmassen ließen etwas ganz Besonderes erwarten. Ich befand mich inmitten einer Gruppe von - ich nenne sie mal - Wanderarbeitern, also gestandenen Männern.
Wenn diese nun eine vor der Halle erworbene (Einheits-)Blume, von der Sorte, die Mao besonders mochte, unter mehrfacher Verbeugung, mit feuchten Augen und vermutlich weichen Knien an dem dafür vorgesehenen Platz unter einer Statue des großen Führers deponierten, dann hatte das für mich etwas Surreales. Ich musste mich schon sehr zusammenreißen, um nicht besonders aufzufallen in dieser Masse, in der ich einer der wenigen Nichtchinesen war.
Als es dann in den Raum ging, in dem Mao liegen soll, konserviert oder aus Wachs, wer weiß es schon genau, wurde es für mich "ernst".
In diesem Schneewittchen Sarg sah man außer einer Uniform und einer Fahne nur einen scheinbar leuchtenden Kopf, der aussah, als würde er selber leuchten… na, eben so, wie ein

Kürbis zu Halloween leuchtet. Das konnte zwar nicht sein, sah aber so aus. Und da ich von der ganzen Inszenierung sowieso nicht besonders gerührt war, fiel es mir auch schwer, ernst zu bleiben.

Und so musste ich wohl unangenehm aufgefallen sein. Ich hätte gern mal gesehen, wie ich wohl so wirkte - so halbernst bei Mao.

Lucas war zehn Jahre zuvor schon einmal in Peking gewesen und hatte große Schwierigkeiten, diese Stadt wieder-zuerkennen. Auch ich hatte mir das Leben und den Alltag der Pekinger anders vorgestellt. Am besten lässt sich das am Fahrradverkehr verdeutlichen. Ich/wir hatten so die romantische Vorstellung, Peking auf einem Fahrrad im Strom Rad fahrender Chinesen zu erkunden. Ich hatte Bilder von ständig klingelnden und hektisch überholenden Fahrradpendlern im Kopf, mit Schwierigkeiten, vor lauter Radfahrern nach links und rechts gucken zu können.

Ganz schön naiv! Die Realität: acht- bis zwölfspurige Straßen überall, und die wenigen verbliebenen Radwege links und rechts werden von parkenden Autos zweckentfremdet. Radfahrer sind rar geworden und Langnasen auf dem Fahrrad erst recht.

Rad sind wir trotzdem gefahren, und es hat auch Spaß gebracht. Es ist eine schöne Art, schnell viele Facetten einer Stadt kennen zu lernen.

Peking ist aus meiner Sicht heute urkapitalistisch, und das meine ich kritisch. Mao

würde sich wahrscheinlich im Grabe umdrehen, wenn er das heutige Peking sehen könnte.
Der Gedanke gefällt mir: Mao erhebt sich am helllichten Tage in seinem Schneewittchen Sarg, legt sein Gesicht in Falten, grummelt irgendetwas in seinen Bart und legt sich bauchwärts wieder hin. Im letzten Akt zieht er dann noch die rote Fahne über den Kopf und ist lieber wieder tot. Das wär`s doch!

8. Warum Weltreisen?

Muss man, um den Kosmos zu verstehen, ihn durchreisen? Wenn man all die Zeit hätte und das Abenteuer auf sich nähme, durch das Weltall zu reisen, würde man danach weiser sein, als wenn man seinen Wissensdurst von der Erde aus stillte?

Muss man einen Ozean durchqueren oder reicht das Glas Wasser auf dem Tisch, um die Welt des Wassers verstehen zu können?
Ist es nicht nur die Zeit, die uns oft fehlt, um das alles zu erkennen?

Die Weltreise war unser Traum, eine Sehnsucht, die mit der Zeit stärker wurde und den Abendteurer in uns nicht sterben ließ. Es gibt aber auch eine leichter zu erklärende Komponente: Das Leben ist kurz, man braucht von Zeit zu Zeit Abstand zum Alltag, eine Weltreise ist faszinierend und wirkt prägend. Wir wollten unseren Kopf wieder frei zu bekommen, offen für neue Themen sein, so frei, Muße zu finden, Unentdecktes in uns zu erkennen und zum Leben zu erwecken. Dafür braucht man Zeit. Die lange Reise um die Welt ist auch Mittel zum Zweck.

Lucas und ich befreien uns für eine lange Zeit aus dem Alltag, tun Dinge, die wir schon immer machen wollten, und versuchen die Seele darüber baumeln zu lassen.
Mal sehen, was mit uns passiert. Es soll auch eine Reise in uns selbst werden.

Unsere bunte Welt erleben, möglichst viele Farben in uns entdecken, die vielleicht irgendwo in der Tiefe schlummern, Talente wecken und Dinge erkennen, die wir gerne machen würden und auch die Zeit dafür haben!
Nein, wir sind nicht auf der Suche nach einer anderen Persönlichkeit und auf der Suche nach dem Nirwana sind wir auch nicht! Wir sind nur von der Logik dieses Schrittes überzeugt.

Ja, toll wäre es, wenn vielleicht, um mit dem Bild der bunten Welt zu sprechen, unser Naturell etwas bunter würde, nachdem wir ein paar unentdeckte Farben aus der Tiefe hervorgebracht haben. Wir probieren es aus.

VIII. Peking II

„Wie wär`s denn mal mit Grillen?"

Wenn Ihr noch nicht wisst, was Ihr heute Abend essen wollt, wie wär`s denn mal mit Grillen? … Zum Beispiel Babyhai, …

oder Riesenkrebse, …

oder Seestern am Spieß, …

oder Skorpione, Grashüpfer (da braucht man schon drei!), …

oder vielleicht Käfer, Seeschlange, Seidenwürmer, Schafspenis, …

oder doch lieber nur Garnelen? (Aber bitte im Ganzen!)

Schlangenhaut soll sehr delikat sein!

Und falls es Euch geschmeckt hat, vergesst nicht zu rülpsen! Das gehört zum guten Ton!

Liebe Grüße aus Peking

9. Steine im Weg

Unser Entschluss, eine Weltreise zu machen, stand fest, und wir begannen mit den Vorbereitungen, um uns mobil zu machen. Meine kleine Firma und unsere Wohnung standen hinten an, denn die Hauptaufgabe war der Verkauf von Lucas Praxis. Anderthalb Jahre hatten wir dafür eingeplant, und bei dem ersten Gespräch kam gleich ein Rückschlag. Nicht anderthalb Jahre, sondern drei Jahre für den Verkauf einer Arztpraxis seien realistisch. Vielleicht ginge es schneller, aber das galt als nicht sehr wahrscheinlich.

Diese Nachricht mussten wir erst einmal verdauen. Die Weltreise war damit ja nicht vom Tisch, sondern nur verschoben. Zu unserer Überraschung waren wir beide nicht sonderlich berührt von der Verschiebung der Reise, denn, mit einigen Ausnahmen, liebten wir was wir taten. Also was soll`s, was sind schon weitere anderthalb Jahre? Eine Einstellung, die unserem Traum Tage später noch gefährlich werden konnte.

Kaum war diese Nachricht verdaut, erfuhren wir, dass der Erlös aus dem Verkauf der Praxis als Einnahme voll versteuert werden musste.
Dass der Erlös dazu genutzt werden sollte, um nach der Weltreise eine neue Praxis eröffnen zu können, war steuerrechtlich nicht vorgesehen.
Der sogenannte Good Will ist für die Altersvorsorge zwar steuerlich anrechenbar, aber erst ab einem bestimmten Alter, das Lucas natürlich noch nicht hatte. Den Verkaufserlös nicht in irgendeiner Weise für eine spätere Neueröffnung nutzen zu können, kommt einem Verbot des Sabbaticals für Ärzte gleich und gehört reformiert! So zu tun, als ob ein Verkaufserlös reguläre Einnahmen aus dem Tagesgeschäft wären, ist hochgradig ungerecht!
Wir haben wirklich überlegt, ob das nicht Zeichen seien, unser Leben doch nicht zu ändern. Das waren keine Steine in unserem Weg, das waren Felsblöcke.

IX. Peking III

„Friseur in Peking“

Noch ein Lebenszeichen aus Peking. Ich war heute beim Friseur und mir juckt jetzt noch der Rücken.

Aber der Reihe nach. Ich hatte Lust auf ein kleines Abendteuer, also betrat ich einen

Friseurladen, der so ganz okay aussah. Zuerst dachte ich, Brad Pitt steht hinter mir, aber nein, sie schauten alle zu mir, Kunden und Friseure, egal, alle sahen mich an, lächelten, aber keiner kam zu mir. Es war eine merkwürdige Stimmung. Dann hat der Chef die scheinbar Jüngste zu mir geschickt, die dann erst einmal verlegen lächelte, dann verlegen chinesisch sprach, um gleich wieder verlegen zu lächeln. Ich verstand natürlich nichts.

Keiner im Laden verstand irgendetwas anderes als chinesisch, außer mir, und ich verstand selbstredend kein chinesisch, und so malte mir die kleine niedliche Chinesin drei aufsteigende Zahlenreihen untereinander auf.

Die unterste war der Preis für den teuersten Haarschnitt, was für Mitteleuropäer spottbillig war. Also zeigte ich mit meinem Finger auf den teuersten Preis, nickte, lächelte zurück und folgte ihr.

Ich hatte die Chefbehandlung mit doppelter Kopfmassage, dreimaligem Haarewaschen und selbstverständlich Schneiden und Föhnen gebucht.

Das Haarewaschen erfolgte (siehe Foto) auf einem für mich spontan nicht identifizierbaren Fell.

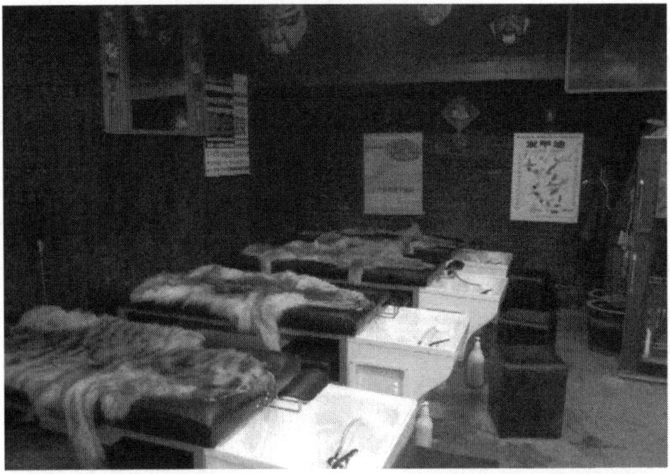

Ich weiß nicht warum, aber ich dachte an Hund. Die legen mich jetzt hier auf ein Hundefell! Ich wollte nicht, aber es war zu spät! Das Fell kribbelte erst am Hals, wo es direkt die Haut berührte und dann auch durch das T-Shirt hindurch.(Es juckt auch jetzt wieder, während ich dieses schreibe!)Indianer weinen nicht, dachte ich mir, und so überlebte ich die doppelte Haarwäsche auch, nicht wissend, dass später noch eine weitere folgen sollte.

Der Haarschnitt war super und alle hier waren wirklich rührend zu mir.

Jeder der Angestellten, und das waren einige, durfte einmal mit seinen Fingern durch meine Haare fahren, weiß der Fuchs, warum. Ich musste immer wieder zu den Liegen mit den Fellen schauen, irgendwie faszinierten sie mich, während gleichzeitig mein Hals juckte.

Alles in allem war das wohl der emotionalste Friseurbesuch meines Lebens und darüber hatte ich die Zeit vergessen, denn Lucas wartete draußen auf mich. Er konnte kaum glauben, dass man so lange beim Friseur bleiben kann.

10. Der Maulkorb

Trotz der Steine im Weg waren wir von diesem Zeitpunkt an nicht mehr von unserer Weltreise abzubringen. Sie war jetzt teurer geworden, aber der Preis, den wir hätten zahlen müssen, wenn wir unseren Traum nicht leben würden, wäre wohl um einiges höher gewesen.
Alle unsere Gefühle, die wir die letzten Jahre mit diesem Ziel verbunden hatten, alle unsere Sehnsüchte, die hierin einen Fluchtpunkt fanden, unser Verlangen nach Veränderung und die vielen Erwartungen, die im Laufe der Zeit in uns herangewachsen waren, waren bereits präsent. Der Geist war aus der Flasche.
Ich bin davon überzeugt, dass unerfüllte Träume negative Gefühle verursachen, dass all die bisherigen positiven Emotionen, durch negative ersetzt und lange wirken würden. Mit diesem Wissen im Hintergrund zahlen wir dann doch lieber zähneknirschend Steuern.

Vom Makler bekamen wir außerdem einen Maulkorb verpasst. Um den Verkauf der Praxis nicht zu gefährden, - in ihn sind zu viele Parteien mit den unterschiedlichsten Interessen verwickelt - sollten wir ab sofort möglichst mit keinem über den Verkauf reden.
Wir sprachen in den folgenden drei Jahren praktisch mit niemandem darüber. Die nun tatsächlich fast greifbare Weltreise wurde unser Geheimnis. Wenn nach drei Jahren der Verkauf

der Praxis scheitern sollte, wäre alles umsonst gewesen, und wir müssten noch einmal von vorne anfangen. Also schwiegen wir, auch wenn uns das oft, sehr oft, schwer fiel. Wir konnten unser Ziel schon sehen, wir mussten nur noch schweigen und das verband uns.

X. Laos und Kambodscha

„Das Quirlen des Milchmeeres"

Lucas Geburtstag haben wir eher ruhig in Bangkok bei 35°C im Schatten überwiegend im Hotel verbracht. Anschließend waren wir drei Tage in Chiang Mai. Die Stadt selbst fanden wir interessant aber eher unspektakulär. Ein Tagesausflug führte uns in das landschaftlich schöne Umland und auf den Rücken eines Elefanten. Das Bild des leidenden Tieres möchten wir Euch ersparen! Keiner von uns beiden war zuvor schon einmal in Laos oder Luang Prabang gewesen.
Ein niedlicher Ort mit vielen Touristen, die hier überraschenderweise aber nicht stören, obwohl sie den als Weltkulturerbe anerkannten Ort schon erheblich verändert haben.
Wie auch immer, es gefällt uns hier sehr gut: Der Mekong, die hohen Berge rundherum, mehrere tausend Mönche, die die zahllosen Kloster der Stadt bewohnen und sich wie selbstverständlich

in das Stadtbild fügen. Überall präsente laotische Geschichte und Kultur, aber auch die Abendstimmung bei angenehmer Temperatur, gutem Essen mit dem für dieses Land eigentlich völlig untypischen Wein machen diesen Platz einmalig.
Den kolonialen französischen Einfluss erkennt man auch an der Speisekarte. Es gibt wieder halbwegs ordentlichen Käse und die Desserts haben zumindest französische Namen (Tarte Tatin, Eclair, Mousse au Chocolat)
Ich/wir beide wurden von Luang Prabang wirklich positiv überrascht.
Ein weiteres Highlight war der Mekong. Unsere erste Fahrt führte zu den berühmten Pak Ou Höhlen. Die Fahrt selber war schon ein besonderes Erlebnis. Auf der Rückfahrt wurde das Gespräch mit unserem laotischen Reiseführer dann auch etwas persönlicher. Irgendwann fragte er uns, ob wir schon mal in Frankreich gewesen seien und dort auch Froschschenkel gegessen hätten. Als wir dieses bejahten, erzählte er uns, dass er am Vorabend auch drei Frösche gegrillt hätte.
Auf unsere Frage, ob man von sechs Froschschenkeln denn satt würde, zeigte er auf seine Handfläche, um die Größe eines Frosches zu dokumentieren und machte deutlich, dass man in Laos natürlich den ganzen Frosch isst. Auf meine Nachfrage, ob er denn etwa auch die Haut esse, sagte er sehr verwundert: „Natürlich, die Haut ist doch das Leckerste am Frosch."

Meine Stirn legte sich bei der Vorstellung einer auf dem Grill brutzelnden glibberigen, pickligen, grünen Froschhaut in Falten und ein gewisses Befremden konnte man meinem Gesichtsausdruck wohl auch entnehmen. Unser Guide aber strahlte bei seiner Beschreibung und sah die ganze Zeit aus, als ob er gerade über eine Himbeertorte spricht.
Der Mekong hatte es uns angetan, und so entschieden wir uns am Folgetag dann für eine zweite, längere Tour. Verfügbar war die halbe Strecke nach Huai Say (Thailand), Übernachtung in einem extra für die Bootreisenden gebauten Hotel am Fluss. Die Rückfahrt nach Luang Prabang am nächsten Tag per PKW sollte 4 bis 5 Stunden dauern (glatte Lüge).
Die Bootsfahrt war toll, ohne Frage, die Abendstimmung am Fluss einmalig, der Mekong pur und absolut empfehlenswert.
In der idyllischen Lounge am Mekong sollte nun aber eine Geschichte beginnen, die zugegebenermaßen für mich wesentlich lustiger war als für Lucas, der sich als Magnet für alles was sticht und beißt erwies.
Noch vor dem Abendessen bemerkte Lucas, dass er im Bett irgendetwas habe springen sehen!
Nach dem Essen und einer Flasche Wein war diese suspekte Aktivität wieder ganz in Vergessenheit geraten, und so genossen wir die vorerst letzte ruhige Nacht.

Am nächsten Morgen freuten wir uns zunächst noch auf das Frühstück in einem Hotel ohne weitere Gäste. Alle anderen waren schon wieder auf dem Boot in Richtung Thailand.
Auf der Frühstücksterrasse erwartete uns schon unser Fahrer. Er empfahl uns, schon etwas früher als geplant aufzubrechen, da er am Vortag für die heute zu bewältigende Strecke zwölf Stunden gebraucht hätte! Und uns hatte man etwa 4 bis 5 Stunden Fahrzeit vorgegaukelt.
Der Fahrer war so ein Typ Schulterklopfer, der sich alle 30 Sekunden mit seinen Fingern durch die Haare fuhr, dabei seinen Kopf leicht nach hinten warf, weil er ja überhaupt so umwerfend war!
Mit freundschaftlichen Klapsen auf die Schulter zur Begrüßung, bei denen wir erst einmal einen Ausfallschritt nach vorne machen mussten, lag er bei uns genau richtig!
Nach einem verkürzten Frühstück ging es los. Ich war schon vor Fahrtantritt von unserem Fahrer bedient und da kannte ich seinen Fahrstil noch gar nicht.
Sicher, es ist etwas völlig anderes, in Laos Auto zu fahren. Gleich am Anfang war da dieser Hund auf der Fahrbahn. Er lag zu einem Drittel auf der ungeteerten Dorfstraße, schaute in unsere Richtung wie Garfield (die Katze) und bewegte sich nicht einen Millimeter. Der Fahrer fuhr mit rund 60 km/h nur wenige Zentimeter an ihm vorbei und der Hund hat sich tatsächlich nicht bewegt!

Das gleiche Spiel passierte wenige Minuten später noch einmal mit einer Kuh, die längst auf der Fahrbahn stand. Wir hatten inzwischen bestimmt 80 km/h erreicht, und das war mir als Nordeuropäer angesichts der Umstände deutlich zu schnell. Auch die Kuh blieb, wie der Hund zuvor, einfach stehen. Wir fuhren so knapp an ihr vorbei, dass ich der Meinung war, dass sie leicht gestreift wurde.

Die ganze Fahrt über musste ich mich am Griff über dem Fenster festhalten, um nicht ständig mit dem Kopf gegen das Fenster zu knallen.

Eine Ablenkung durch Lesen war bei dem Geschaukel unmöglich. Außerdem wäre mir mit dem Blick nach unten mit Sicherheit schlecht geworden. Auch an Fotografieren war überhaupt nicht zu denken.

Wir fuhren immer nur am Limit, 350 Kilometer durch das ländliche Laos.

Und dann war da dieses Huhn. Als es uns sah - es muss furchtbar ausgesehen haben, wie wir da so anbrausten-, wollte es zuerst nach links, dann doch lieber nach rechts und dann doch … (lieber nach links.)

Obwohl wir das Huhn zweimal überrollten, schlug es noch mit den Flügeln. Mehr konnte ich im Staub nicht erkennen. Als ich wieder nach vorne schaute, sah ich, wie sich unser Fahrer mit den Fingern durch die Haare fuhr und sein Kopf leicht nach hinten wanderte. Es hatte ihm scheinbar gar nichts ausgemacht und es hätte mich nicht gewundert, wenn er an seiner Achsel gerochen hätte.

Übrigens wurde es in Laos verboten, Motorräder an Ausländer zu vermieten. Es gab zu viele Tote. Wie auch immer, nach acht endlosen Stunden waren wir dann wieder in Luang Prabang.
Wir, das waren inzwischen aber mindestens drei.
Lucas hatte einen Floh aus der Mekong Lounge mitgebracht, und der erwies sich als äußerst treu. Er wollte einfach nicht von Lucas Seite weichen. Um es vorwegzunehmen - für Tage!!!
Wie wird man so einen Floh nun wieder los? Im Medizinstudium wurde dieses Thema sträflich vernachlässigt. Ertränken lag nahe. Flöhe mögen kein Wasser. Ab in den Pool!
Minutenlang sah man von Lucas nur die Nase aus dem Wasser herausschauen. Ich muss gestehen, dass das für mich als Nichtbetroffenen schon ein lustiger Anblick war. Lucas fand das gar nicht lustig, was das Ganze natürlich nur noch lustiger machte.
Es folgte jeden Tag „große Wäsche“. Lucas benutze Wäsche kam nicht einmal mit ins Hotelzimmer, sondern gleich in die Reinigung und er selbst gleich in die volle Badewanne.
Nein, im Ernst, er tat mir wirklich leid. Nach vier oder fünf Tagen war der Spuk vorbei und mein Lucas wieder der Alte.
Luang Prabang hat noch einen ganz besonderen Zauber. Frühmorgens ab sechs Uhr werden die Mönche von der gläubigen Bevölkerung mit Essen versorgt.

Es ist ein rührender Anblick, wie geräusch- und scheinbar emotionslos diese Essensübergabe vonstattengeht. Irgendwie fühlte ich mich an meine Omi Augsburg erinnert. Sie würde auch jeden Morgen hier sitzen und die zuvor zubereiteten Lebensmittel verteilen. Die Mönche lächeln nicht, bedanken sich nicht und schauen oft nicht einmal hin, wenn sie ihre Almosenschale hinhalten. Dank ist Sache der Spender. Sie bekommen schließlich die Möglichkeit, Gutes zu tun. Es ist wirklich ergreifend und wir beide haben nirgendwo zuvor Ähnliches gesehen.

Der Abschied von Luang Prabang und dem Mekong viel uns schwer.

Wir verlassen das höher gelegene Luang Prabang bei 28°C, in Paxe (Laos) sind es 38°C! Ich hoffe innigst, dass es in Angkor / Siem Reap

nicht so heiß sein wird, denn bei 38°C hört der Spaß nun wirklich auf.
Mein Wunsch geht in Erfüllung. In Angkor / Siem Reap sind es „nur“ 35°C.

Am nächsten Morgen beginnt dann endlich unser Besichtigungsprogramm, und ich freue mich schon riesig auf einen Sonnenaufgang vor Angkor Wat. Um dieses einmalige Schauspiel, von dem ich schon so viel gehört und gelesen hatte, nicht zu verpassen, klingelt der Wecker um vier Uhr. Um fünf Uhr holt uns unser Guide ab und um 6 Uhr stehen wir mit all den anderen, die erstaunlicherweise die gleiche Idee hatten, vor der Silhouette von Angkor Wat.

Das Erlebnis ist auch jetzt noch, Tage später, so beeindruckend, dass ich beim Schreiben eine Gänsehaut bekomme.

Nach einer zweistündigen Besichtigung von Angkor Wat, habe ich mich gefragt, ob ich dieses Erlebnis mit irgendetwas zuvor Erlebten vergleichen kann und meinte, dass es nur von meinem ersten Besuch in Rom geschlagen wird. Am gleichen Abend, und drei Tempel später, war ich so begeistert, dass Rom nur noch Platz zwei einnahm. Nüchtern betrachtet, kann man diese beiden Orte nicht wirklich miteinander vergleichen.
Die nächsten drei Tage konnten wir von Tempeln und Gottkönigen nicht genug kriegen.
Wir waren gefesselt von tausenden verschiedenen in Stein gemeißelten Geschichten, die diese Orte umgeben.
Kleine Kostprobe gefällig: Yama auf einem Büffel, Varuna auf der heiligen Gans, der auf der Schlange Ananta liegende Vishnu, Affenkönige Sugriva und Valin, der vierarmige Gott Krishna, die Schildkröte Kurma, Ravana, der tausendköpfige Dämon, geflügelte Löwen, aus Wellen geborene Apsaras, das Quirlen des Milchmeeres und viele mehr, eingebunden in vielfältige Interaktionen.
Es ist eine andere, eine mystische Welt hier. Wir mögen Orte, die uns in eine andere Welt mitnehmen. Aber dann sind da wieder diese Geschichten, die uns in die Gegenwart zurückholen. Wie das kleine Mädchen, dass uns zehn schöne Postkarten für nur 1 US$ verkaufte.

Es ist mitten am Tage, mitten in der Woche und die Kleine verkauft mir ihre Postkarten, statt in der Schule zu sitzen.
Vier Stunden Grundschulunterricht am Vormittag sind gesetzlicher Standard und kostenfrei in Kambodscha. Die Bezahlung der Lehrer ist jedoch so gering, dass diese darauf angewiesen sind, nachmittags an Privatschulen zu unterrichten, für die natürlich von den Schülern ein für kambodschanische Verhältnisse nicht unerhebliches Schulgeld zu entrichten ist. Es liegt nahe, dass am Vormittag so wenig und so schlecht wie möglich unterrichtet wird, damit möglichst viele Schüler am Nachmittag „Nachhilfe" bei den gleichen Lehrern kaufen müssen, um dann letztlich die Abschlussprüfungen zu bestehen, die wiederum von den gleichen Lehrern abgenommen werden.

Ist es nun richtig oder falsch, von Kindern zu kaufen, deren Einnahmen vielleicht zu einem kleinen Teil für das nachmittägliche Schulgeld verwendet werden? In wenigen Jahren sind die heutigen Kindverkäufer zu alt, um Postkarten zu verkaufen. Vermutlich schicken sie dann ihre eigenen Kinder auf die Straße. Touristen kaufen nun mal am liebsten von kleinen armen Kindern.

Nach fünf Tagen in Angkor / Siem Reap ging es weiter nach Phnom Penh.
Es war schon erstaunlich und interessant zu sehen, wie diese Stadt in nur 30 Jahren, dem Zeitraum einer Generation, wiederbelebt wurde.
Die Stadt wurde von den Roten Khmer 1975 evakuiert und teilweise zerstört. Sie war dann 4 Jahre lang praktisch menschenleer.

Im ehemaligen Foltergefängnis des Pol Pot Regimes, dem heutigen Genozid-Museum, schwankte unsere Stimmung dann zwischen Traurigkeit, Entsetzen und Zorn. Wie konnte es nur sein, das die Völkergemeinschaft 30 Jahre nach dem Ende des Zweiten Weltkrieges wieder versagte und den Menschen in Kambodscha nicht half. Wozu wurde 30 Jahre zuvor eigentlich die UNO gegründet! Ich erspare Euch Einzelheiten vom Museum und den Versehrten, die heute davor betteln müssen.
Mir fällt dabei eine in Stein gemeißelte, tausend Jahre alte Szene aus Angkor ein.

Sie zeigt die Erdgöttin, wie diese sich das Haar auswringt, das ganz nass ist von den Tränen der Menschen.
Kambodscha ist ein sehr interessantes Reiseland und hat neben Angkor und Phnom Penh noch einiges mehr zu bieten.
Ein Tagesausflug führte uns an den Golf von Siam, wo sich in Sihanoukville (s. Fotos) eine neue Touristikregion mit schönen Stränden und noch schöneren vorgelagerten Inseln entwickelt.
In Kürze wird es wieder einen Flughafen geben, und die ersten Luxusresorts sind schon eröffnet.
Wir werden bestimmt noch einmal wiederkommen und dann auch einige Tage am Meer verbringen. Bestimmt kann man dann nicht mehr völlig ungestört die alte verlassene königliche Sommerresidenz im nahegelegenen Kep besichtigen, wo noch heute die Kronleuchter von der Decke baumeln.
Und wenn wir dann schon in der Gegend sind, fahren wir bestimmt auch noch einmal nach Luang Prabang.

11. Innere Kündigung

Wir hofften, dass der Verkauf der Praxis ohne Probleme vonstattengehen würde. Wir waren also in der Situation, uns einerseits innerlich davon zu trennen, aber bitte nicht zu stark, denn der Verkauf konnte jederzeit scheitern und wir müssten in diesem Fall weiterarbeiten.

Wie bitte? Wir müssten in diesem Fall weiterarbeiten? Haben wir nicht immer gerne gearbeitet? Irgendetwas ist in dieser Zeit mit uns passiert, und wir haben es gar nicht wahrgenommen! Kann es sein, dass Selbstständige innerlich kündigen? Ist das nicht ein Widerspruch in sich? Wir fokussierten uns wirklich auf den Tag, an dem sich der Verkauf entschied.

Wem auch immer sei Dank, die Praxis wurde in unserem Sinne verkauft, und wir mussten nicht weiterarbeiten. Diese innere Haltungsänderung von uns beiden war wirklich überraschend. Hätten wir das erwarten können? Wie auch immer, die Entscheidung war gefallen, die Praxis verkauft und niemand, oder besser fast niemand, wusste Bescheid. Lucas und ich hatten einen Brief verfasst, der unsere Entscheidung mitteilte und erklärte. Wir sandten ihn noch am gleichen Tag an Familie, Freunde, Patienten und Geschäftspartner.

Dann kauften wir Käse und Wein, setzten uns zu Hause auf den Fußboden, zündeten Kerzen an und genossen den Augenblick. Das war der Wendepunkt. Theoretisch hatten wir alles schon durchgespielt, aber es ist so anders, wenn man es erlebt, wenn man Gänsehaut bekommt, und man nicht beschreiben kann, warum.

Am morgigen Tag würden unsere Infobriefe ankommen, aber dieser Abend war noch ganz allein unserer.

XI. Kuala Lumpur, Thailand, Vietnam

"Klitschnass!"

Ich möchte noch einmal dort beginnen, wo unser letzter Reisebericht endete. Phnom Penh, mit vielen Bäumen und den Resten kolonialer französischer Architektur, muss einmal eine schöne Stadt gewesen sein.
Auf uns wirkte die Stadt sehr ärmlich.
Es gibt bisher nur zwei Hochhäuser, und da der Wohlstand einer Stadt oder eines Landes hier in Asien an der Anzahl ihrer Hochhäuser gemessen wird, sagt das schon sehr viel aus. Von unserem Hotel aus, welches sich in einem der zwei Hochhäuser befand, entdeckten wir nachts einen scheinbar unbeleuchteten Teil der Stadt. Als ich unseren Kellner fragte, ob in einem Stadtgebiet der Strom ausgefallen sei, erklärte

dieser uns, dass sich viele Bewohner den angebotenen Strom nicht leisten können. So versuchen sie, nach Einbruch der Dunkelheit möglichst Strom zu sparen, und das einzige Licht hier und da kommt oft nur aus dem Fernseher. Viele gehen früh zu Bett, laut unserem Kellner auch ein Grund für die hohe Geburtenrate in der ärmeren Bevölkerung und sicher auch eine Erklärung dafür, dass morgens um sechs Uhr schon so viel Leben auf den Straßen herrscht.
In und um Phnom Penh gibt es einige Fabriken, in denen T-Shirts hergestellt werden. Die Löhne, die hier gezahlt werden, gehören zu den niedrigsten der Welt. Ich habe große Achtung davor, wie die Kambodschaner sich durch das Leben kämpfen. Jeden Dollar, den wir in Kambodscha, in Laos und später in Vietnam ausgegeben haben, haben wir gerne „investiert“.

Eigentlich wollten wir von Phnom Penh aus nach Phuket fliegen. Da aber ein Flug über Kuala Lumpur deutlich billiger ist als über Bangkok, entschieden wir uns für einen zweitägigen Zwischenaufenthalt in Kuala Lumpur/Malaysia.
Beim Start des Flugzeuges in Phnom Penh tropfte es von der Decke auf meinen Kopf. Ich roch Whisky. Beim Abheben nahm der Fluss deutlich zu, und ich wechselte schnell auf den freien Gangplatz neben mir. Es gelang mir auch, im Gegensatz zu den Stewardessen, die das Anschnallzeichen des Kapitäns brav befolgten, unser Handgepäck nebst Laptop aus der

Gepäckablage nach unten zu retten. Die Passagiere in den Reihen hinter mir hatten nicht so viel Glück. Sie konnten sich nicht umsetzen und versuchten, sich mit Faltblättern zu schützen, was bei der Menge, die da von oben kam, ziemlich aussichtslos war.
Es muss wohl mindestens eine Flasche Whisky geflossen sein und ich konnte für die armen Begossenen nur beten, dass sie keine Moslems waren.

Am Flughafen angekommen, fielen mir sofort die vielen verschleierten Frauen auf. Alle Varianten waren vertreten, aber noch nie zuvor hatte ich so viele bodentief vollständig in Schwarz gekleidete Frauen gesehen, die lediglich durch einen winzigen Augenschlitz Kontakt zur Umwelt zu haben schienen.
Malaysia definiert sich als islamisches Land und ist bei arabischen Touristen sehr beliebt. Ich erfuhr, dass Menschen mit einem israelischen Pass nicht einreisen dürfen und homosexuelle Kontakte mit Prügelstrafe und zehnjähriger Haftstrafe geahndet werden können. In dem Moment kamen mir Zweifel, ob ich in so ein Land überhaupt einreisen möchte.

In der Schlange zur Einreisekontrolle und irgendwie fast vollständig von schwarz verschleierten Frauen umhüllt, stellte ich mir beim Anblick dieser Schönheiten die Frage, wie man im Orient wohl den (weiblichen) Superstar sucht? Da steht sie dann, natürlich voll

verschleiert, auf der Bühne und singt, vielleicht sogar mit schwarzen Handschuhen das Mikro haltend und lässt sich zu einem klitzekleinem Hüftschwung verleiten.
Leider hat sie sich damit um alle Chancen gebracht, da die selbstverständlich nur aus Herren bestehende Jury ihre Figur erkennen konnte. (Entschuldigt meine Fantasie!)

Der erste Eindruck außerhalb des Flughafens: Petrodollars! Der Flughafen war schon beeindruckend und dann fuhren wir die 75 km bis zur Innenstadt in einem nagelneuen Mercedes E-Klasse Taxi mit bis zu 180 km/h auf einer achtspurigen Autobahn, die so gerade und eben ist, wie ich sie in Deutschland gerne hätte. Bei dem Gedanken an heimische Benzinpreise kommen einem da schon Bedenken. Na ja, wollen wir mal nicht neidisch sein.
Die Innenstadt ist mäßig interessant. Alles wirkt sehr sauber und gepflegt. Es gibt einige sehr schön restaurierte Gebäude aus der Kolonialzeit, die heute als Verwaltungsgebäude oder Museen genutzt werden.
Die weitere Existenz einiger ehemals wohl wunderschöner Art Déco Gebäude scheint noch nicht endgültig besiegelt. Es soll Widerstand gegen den Abriss geben, aber die Zeit arbeitet dagegen. Viele Gebäude wirken schon recht verfallen.
Am Tage ist es hier nicht nur sehr heiß, sondern es herrscht auch eine extrem hohe Luftfeuchtigkeit. Schon nach wenigen Metern

Fußweg laufen wir also mehr oder weniger „feucht“ durch die Gegend, was auch auf die Wahrnehmung einiger Sehenswürdigkeiten Auswirkung hat.
Unangefochtenes Highlight sind die Petronas Towers (452 m). Insbesondere abends bei üppiger Beleuchtung, wenn die Temperatur auf 32°C gesunken ist, bieten diese schon einen atemberaubenden Anblick.
In den Straßen der Stadt sieht man bei Weitem nicht so viele verschleierte Frauen wie am Flughafen. Kopftuch ist üblich, aber scheinbar nicht zwingend. Überhaupt wirkt das Land sehr viel bunter und toleranter als erwartet.
In unserem Hotel allerdings sind ungefähr 50% der weiblichen Gäste vollverschleiert. Beim Frühstück erlebe ich zum ersten Mal, wie man mit Gesichtsschleier essen kann ohne auch nur einen Quadratzentimeter des Gesichtes zu zeigen. Besonders krass wirkt der Unterschied zwischen Männern und Frauen. Während die Vollverschleierten recht elegant und unauffällig erscheinen, geben sich die Herren der arabischen Schöpfung eher ultracool, erscheinen in Badekleidung zum Frühstück und benehmen sich auch so.
Nach zwei Tagen ging es dann auf die paradiesische Insel ‚Koh Racha‘, etwa eine Bootstunde vor der Küste von Phuket/Thailand entfernt. Hier waren fünf Tage Entspannung eingeplant und ich freute mich auf Hängematte und Sonnenschirm.

Ich hätte es besser wissen müssen, unter dem Sonnenschirm ist viel zu wenig los. Lucas Großhirnrinde braucht ständig neue Nahrung, also machten wir einen Tauchkurs, mit PADI Scuba Diver Abschluss.
Die nächsten Tage hieß es, sich mit der Wirkung des zunehmenden Wasserdrucks auseinanderzusetzen.
Die Tauchgänge (bis 12 m) waren toll und wir haben so viel Wunderschönes da unten gesehen, dass wir gleich neue Pläne geschmiedet haben, wann und wo wir wieder Tauchen gehen könnten.
Im Boot zurück zum Strand kamen wir mit einem Tauch-Fotografen ins Gespräch, der unter anderem für einen Berliner Reiseveranstalter arbeitet.
Er erzählte uns, wie sehr sich das Korallenriff hier in den letzten zwanzig Jahren seit seinem ersten Besuch verändert habe. Damals sei das Riff noch gesund gewesen, heute sei es sehr traurig zu sehen, wie alles kaputtgegangen ist.
Meine Euphorie wurde gleich gedämpft und ich fragte mich, wie wunderschön das, was ich gerade gesehen hatte, wohl vor zwanzig Jahren ausgesehen haben muss.
Von Koh Racha ging es dann wieder zurück nach Bangkok, dass mit je drei Tagen Aufenthalt Anfangs- und Endpunkt unserer Reise nach Laos und Kambodscha war.
Zwei unserer Koffer waren hier zurückgeblieben, da wir für Wollpullis & Co. nicht unbedingt ein Extraticket erwerben wollten. Bangkok bietet

viele Highlights. Dieses Mal hatte es uns der State Tower mit dem Hotel Lebua in den obersten Etagen besonders angetan. Im 64. Stockwerk befindet sich das höchstgelegene Freiluftrestaurant und die höchste ‚Open-Air-Bar' weltweit.

Am späten Abend bei 28°C und leichter Brise, unter Mondlicht einen Drink zu nehmen war schon ziemlich „abgehoben".

Von Bangkok ging es weiter nach Singapur und auf`s Kreuzfahrtschiff. Man hatte uns zwar vor der Costa Line und „cruising the Italian way" gewarnt (nicht ganz zu Unrecht wie sich herausstellen sollte). Wir hatten uns aber dennoch für eine Kreuzfahrt über Weihnachten entschieden, weil wir die Streckenführung sehr interessant fanden und so noch weitere Orte in

Fernostasien besuchen konnten, die wir sonst nur schwer in unsere Route hätten integrieren können.
Der erste Stopp war Saigon. Politisch korrekt muss es natürlich Ho-Chi-Min-Stadt heißen, aber wenn nicht einmal die Einheimischen die Stadt so nennen, muss ich es auch nicht. Irgendwie glaube ich, dass es bei dem Tempo der Veränderung in Vietnam nicht mehr allzu lange dauern wird, bis die Stadt ganz offiziell wieder Saigon heißt. Noch gelingt es der kommunistischen Partei scheinbar ganz gut, für jede Veränderung irgendwo eine Zitat bei Ho Chi Min zu finden. Fragt man allerdings, was denn vom Kommunismus noch nachgeblieben sei, so bekommt man selbst von offiziellen, staatsbediensteten Reiseführern die Antwort: „mus".

Ich war beeindruckt von der Stadt. Zwar war auch hier die Armut sofort spürbar, aber es wird überall emsig gearbeitet und man sieht viele Großbaustellen. Ein bisschen wie „Klein-Peking". Wir hatten uns für einen organisierten Ausflug per Schiff und Reisebus zu den Tunneln von Cu Chi entschieden. Auch wenn solch ein Reisebus voller Costa-Kreuzfahrern seine eigene „Unerotik" auf mich ausstrahlt, war es ein interessanter Tag.

Cu Chi ist einer der vielen und doch ein ganz besonderer Kriegsschauplatz in Vietnam. Hier haben die Vietcong die Amerikaner schlichtweg

zur Verzweiflung gebracht, in dem sie ein ausgeklügeltes unterirdisches Tunnelsystem auf mehreren Ebenen, bis zehn Meter unter der Erde, errichteten, das nur für vergleichsweise dünne und wendige Vietnamesen zugänglich war und in dem sich auch ihre Kommandozentrale befand. Diese wurde nie von den Amerikanern eingenommen. Nicht wenige sagen, dass die Vietcongs hier die Amerikaner besiegt hätten. Einen kurzen Tunnelabschnitt hat man für die Touristen erweitert und so durften wir auch einmal „kriechen“.
Manche aus der Gruppe verzichteten allerdings darauf, da in jedem Reiseführer beschrieben steht, was einen dort unten erwartet.

Tunnelzugang (für Asiaten!)

Für Touristen erweitertet Tunnelabschnitt (Deckenhöhe ca. 80 cm)

(Wer will, kann jetzt bis zum Ende dieses Absatzes (bis klitschnass) versuchen, die Luft anzuhalten, um in etwa zu fühlen, was ich dort unten empfunden habe.)
Es ist stockfinster da unten, die Luft ist verbraucht und zum Schneiden dick. Es ist heiß und stickig. Ich stand sofort im eigenen Saft. Auf allen Vieren kriechend, in einer Hand irgendwie die Kamera haltend, mit der ich von Zeit zu Zeit ein Foto schoss, um mit Hilfe des Bildes auf meinem Display zu erkennen, wo ich mich befand und wer und was da eigentlich vor mir war. Zum Glück hatte ich nur den zehn Meter Abschnitt und nicht den dreißig Meter langen Tunnel gewählt. Noch nie zuvor waren mir zehn

Meter so lang vorgekommen, und als ich „endlich“ wieder draußen war, war ich klitschnass.
Ein dickerer Ami fragte mich, wie ich da bloß durchgekommen sei, ich hätte doch auch so breite Schultern (wie er?). Ich wusste nicht so recht, ob das jetzt ein Kompliment war oder nicht?
Es hatte im wahrsten Sinne des Wortes etwas Beklemmendes, an diesem Ort der Geschichte zu sein. Auf beiden Seiten waren Soldaten, die nicht gefragt wurden und doch sterben mussten.
Es tat gut zu sehen, dass beide Seiten, Amerikaner und Vietnamesen, jetzt offensichtlich beginnen, diese gemeinsame Geschichte aufzuarbeiten.
Der hier noch bis vor Kurzem zumindest offiziell vorherrschende plumpe Antiamerikanismus wird von vielen heute schon sehr viel differenzierter gesehen.
Saigon, mit seiner kolonialen französischen Architektur, machte auf mich als Europäer einen schönen Eindruck. Auffallend waren die vielen Mopedfahrer, die den ganzen Straßenverkehr dominieren. Das Bild unten finde ich sehr aussagekräftig. In der restaurierten alten Post, im französischen Kolonialstil erbaut, ein Weihnachtsbaum und Ho Chi Min. Besser kann ich die Widersprüche im Saigon von heute auch nicht beschreiben.

Am nächsten Morgen erreichte unser Schiff Danang, etwa 100 km südlich der ehemaligen Staatsgrenze zwischen Süd- und Nordvietnam. Von dort ging es per Bus durch eine schöne bergige Küstenlandschaft in die alte Kaiserstadt Huè, die lange Zeit auch Hauptstadt Vietnams gewesen war.
Begleitet wurde unsere Gruppe von einem Reiseleiter, dessen Art zu erzählen mich irgendwie an Lothar Späth erinnerte. Kurz, knackig und komisch, ohne dabei selbst zu lachen. So mag ich Komik! Sein Name war Kong - wie in King Kong oder Hong Kong - wie er selber sagte.
Vor dem Krieg hatte seine Familie mit ihm als Teenager auf der richtigen - also auf der falschen - Seite gestanden, und so hatten sie nach dem Krieg unter den Kommunisten zu leiden. Erst als sich Vietnam in den frühen

Neunzigern wieder dem Tourismus öffnete, sind seine Englischkenntnisse wieder gefragt.

Am meisten aber haben mich seine Ausführungen zur Bargeld-Wirtschaft Vietnams beeindruckt. Bis heute hat er, wie viele andere Vietnamesen auch, kein Bankkonto und will auch gar keines haben. Das Gehalt wird bar ausgezahlt und alle Rechnungen und Einkäufe werden ebenfalls ausschließlich in bar abgewickelt.
Gespart wird in schnörkellosen, münzähnlichen Goldringen, die im Haus versteckt werden, und als unvergängliche Ersatzwährung für größere Anschaffungen, aber auch für Darlehen an andere herhalten. Fragt man seine Frau, wie viel ein Fernseher, ein Moped oder ein Haus kostet, so erhält man die Antwort in Goldringen. Er werde nie den Gesichtsausdruck seines Vaters vergessen, als das über Jahre ersparte Geld nach dem Krieg nur noch Papierwert hatte. Nein, ein Konto wolle er wirklich nicht haben und auch keine Aktien. Da „oben" sitzen einfach zu viele, die sich zu gerne bedienen und dann einfach neues Geld drucken. Komisch, da sitze ich nun in einem Reisebus in Vietnam und bekomme in wenigen einfachen Sätzen erklärt, wie sich scheinbar alles in der Geschichte wiederholt.

Huè ist trotz Zerstörungen und starken Verfalls immer noch eine schöne, französisch geprägte Kleinstadt mit viel Wasser, die von dem neuen Vietnam der modernen Hochhäuser bisher verschont geblieben ist. Das Wasser kam leider auch von oben und nicht zu Unrecht sagt man ihren Bewohnern nach, dass diese mit Regenponscho zur Welt kommen.

Nach dem Vorbild Pekings hatten die Kaiser Vietnams hier auch eine „Verbotene Stadt“ errichtet, die jedoch in den endlosen Jahren kriegerischer Auseinandersetzungen fast vollständig zerstört wurde und erst jetzt mühsam wieder aufgebaut wird. Irgendwie wirkte das Ganze auf mich wie eine Mischung aus Pekings Verbotener Stadt und Angkor Wat. Man brauchte allerdings schon einige Fantasie, um sich die einstige Schönheit vorstellen zu können.

12. Freude, Tränen und Wut

Am Tag nach dem Verkauf der Praxis, nach dem Versenden des Infobriefes, mussten wir viele Fragen beantworten, und gute Freunde brauchten noch mehr gute Worte, um unsere jahrelange Verschwiegenheit zu verstehen. Hauptsächlich bekamen wir aber viel Zuspruch für unseren Plan, auf eine Weltreise zu gehen. Die E-Mails zeigten uns auch, wie viele in unserem Umkreis den gleichen Traum hegen. Sehr viele freuten sich mit uns. Es gab aber langjährige Geschäftspartner, zu denen man eine fast freundschaftliche Beziehung aufgebaut

hatte, die sich seitdem nicht mehr gemeldet haben.
Vier Wochen Zeit waren noch bis zum letzten Arbeitstag.
Obwohl Lucas als Arzt schon sehr gut gebucht war, wollten noch so viele Patienten einen Termin bei ihm haben. Sie wollten sich persönlich verabschieden. So wurde diese Zeit für alle sehr emotional. Auch Lucas Praxisteam war von diesem Schritt überrascht und sah dem Wechsel besorgt entgegen. Eine Mitarbeiterin, die sich wohl darauf eingestellt hatte, sehr lange für Lucas zu arbeiten, zweifache Mutter und mit Abstand die zuverlässigste, konnte die Tränen noch nach Tagen nicht zurückhalten.
Der neue Arzt hat, obwohl dies anders vereinbart war, innerhalb von drei Monaten alle Mitarbeiter ausgetauscht!
Das war eindeutiger Wortbruch, aber rechtlich konnte man dagegen nicht vorgehen.
Lucas sprach deswegen mit seinem Nachfolger kein Wort mehr. Es war auch ein Ausdruck seines Unmuts, oder besser seiner Wut. „Seine“ Mitarbeiter waren ihm immer sehr wichtig. Er fühlte all die Jahre eine sehr große Verantwortung für sie.

XII. Sanya, Hongkong, Manila, Brunei

„links, rechts, arm und reich“

Wir sind am Vorabend unseres Landganges auf Sanya, südlichste Insel Chinas mit tropischen Temperaturen, und die chinesischen Behörden bitten vorab an Bord zum Temperaturmessen! Ja, glaubt mal nicht, dass die Chinesische Volkspartei nicht auf die Gesunderhaltung ihres Volkes aufpasst!
Nun, wir haben natürlich kein Fieber, aber bereits ein Visum im Pass, welches zunächst Ratlosigkeit hervorruft. Also, entweder man bucht einen organisierten Ausflug (Visum inklusive) oder erwirbt ein Tages-Gruppenvisum zu fünfzehn Euro. Aber nein, wir haben schon jeder ein Einzelvisum ... geht nicht! Geht doch!
Leider hatten wir vorab keine Reiseliteratur über Sanya und wussten gar nicht, was da auf uns zukommt. Der Ort selber, ich nenne ihn mal „Sanya-City“, ist im Kern so eine „Kraft - durch – Freude“ -Gemeinde. Hierher wurden wohl schon zu Zeiten Maos die Verdienten Chinas in den Sommerurlaub geschickt, irgendwie so eine Mischung aus Berlin-Marzahn und Palermo.
Im Zentrum gab es einen „Weihnachtsmarkt“ und nun schaut Euch bitte mal das Programm auf der Riesenleinwand unten an.

Es singt -in unglaublicher Lautstärke- so eine Art „Mao–Liberace–Karel–Gott–Verschnitt“ in Mao Originaluniform wohl patriotische Lieder von der Schönheit, Größe und Macht des Chinesischen Reiches, und das Ganze klingt verdächtig nach geklauten Weihnachtsmelodien. Es ist zum Weglaufen schön. Das, was wir von Sanya sehen konnten, stellt eine merkwürdige Mischung dar. Neben unschönen Hochhaussiedlungen sind in den letzten Jahren durchaus attraktive Neubauten entstanden. In und um Sanya sind wohl alle Luxushotelketten der Welt mit riesigen Resorts vertreten.

Der Ort ist landschaftlich sehr reizvoll gelegen, mit wunderschönen Stränden und klarem sauberen Wasser, aber keine Sonnenschirme, keine Touristen am Strand und absolut niemand

im Wasser. Wir fragen uns, was die tatsächlichen oder geplanten Touristen hier wohl so den ganzen Tag machen.
Schon am Hafen war uns allerdings aufgefallen, dass auf vielen Schildern neben chinesisch - wir staunten - russisch zu finden war. Später kamen wir mit einem Amerikaner ins Gespräch, der hier zeitweise lebt. Er erzählte uns, dass Sanya das Hawaii der Russen sei. Die kämen scharenweise zur Geldwäsche hierher, kauften die Regale leer und würden mit den 100 Dollarnoten nur so um sich werfen. Ich weiß nicht, ob das so stimmt.

Trotz Warnung der chinesischen Reiseleitung stiegen wir wieder in ein chinesisches Taxi und fielen prompt wieder auf die Nase. Der Taxifahrer stoppte circa fünf km vor dem vereinbarten Ziel und wollte nachverhandeln. Chinesische Taxifahrer sind Schlitzohren!
Zumindest hatten wir Gelegenheit, etwas außerhalb der Stadt einen wirklich traumhaft schönen Strand zu erleben.
Die beim Tauchen auf Koh Racha vermissten Korallen sind hier übrigens reichlich an Verkaufsständen erhältlich.
Unsere mit dem Taxigauner vereinbarte Rundfahrt sah auch einen Besuch der vermeintlich, „mit Abstand berühmtesten Sehenswürdigkeit Sanyas“ vor.

Wir wussten eigentlich nur, dass es sich um einen auf einer Anhöhe angelegten Park mit schönem Panoramablick handeln sollte.
Zugegeben, etwas unerwartet war dann allerdings der Auf- und Abstieg. Man platzierte uns einzeln rückwärts in so eine Art Achterbahn-Bob und dann ging es - den Blick nach unten – bergauf. Und wir versuchten vergeblich, den Lautsprecherdurchsagen irgendetwas Verständliches abzugewinnen.
Nach einiger Zeit waren wir auf gleicher Höhe mit den umliegenden Hochhäusern und gespannt, was da wohl noch auf uns zukommen würde.
Ich wäre vermutlich ausgestiegen, hätte ich gewusst, dass es auf dem Rückweg den gleichen Weg wieder bergab gehen sollte -

vielleicht sogar mit doppelten Looping rückwärts! Die Auffahrt endete dann auf einem Aussichtsplateau, so eine Art Zuckerhut auf Chinesisch, mit allem Trara. Der Ausblick war aber wirklich schön, und die Fahrt runter mit dem Bob hat dann sogar richtig Spaß gemacht.
Vor der Rückfahrt zum Schiff wollten wir in einem Supermarkt noch Schokolade kaufen, aber ich durfte mit meinem Rucksack nicht hinein. Also wartete ich vor den Kassen auf Lucas. Über zwei Drittel der Kunden wurden trotz Taschenverbots, Überwachungskameras und Detektoren hinter den Kassen zusätzlich noch von den Herren in Uniform kontrolliert!

So wurden die Kassenbons mit der eingekaufter Ware abgeglichen und Handtaschen mussten geöffnet werden. Ich konnte kaum glauben, was

ich da sah und wünschte den Russen hier viel Spaß beim Shoppen.

Was für ein Unterschied dagegen Hongkong! Ein absolutes Highlight unserer Kreuzfahrt. Der Temperatursturz (Kontinentalklima aus dem Norden) von 32°C auf 18°C war eine richtige Wohltat. Schon am Vorabend war es mit 22°C auf See so angenehm kühl wie lange nicht mehr. Zugegeben, ich hatte durchaus einige Vorbehalte gegen Hongkong und auch Lucas Erinnerungen an seinen ersten Aufenthalt dort vor etwa zwanzig Jahren waren von gemischter Natur, aber die Stadt hat mich sehr schnell in ihren Bann gezogen. Sie ist großartig!
Am ersten Abend buchten wir die letzte verfügbare Bootsfahrt durch das endlose Lichtermeer auf einer restaurierten alten chinesischen Dschunke und hatten das ganze große Boot für uns alleine. Eine Privatfahrt mit Getränkeservice mitten in Hong Kong, quersubventioniert durch Tagestouristen, die sich das Boot wohl mit vierzig und mehr Mitreisenden teilen müssen. So haben wir es gerne. Hongkong, vom Boot aus, kann man sich vielleicht so vorstellen, als hätte man Manhattan mittig längst aufgetrennt und dazwischen ein 500 m breites Gewässer angelegt.
Es war einmalig zu sehen, wie die Lichter der Hochhäuser mit denen der bebauten Berge verschmelzen und fast trichterförmig wirken. Hongkong - Chinesen wirkten auf uns ganz anders als ihre Landsleute in Peking oder

Sanya. Wir hatten das Gefühl, uns irgendwo im Dreieck London - Tokio - Peking zu bewegen. Sie wirken höflicher und vor allem sehr viel disziplinierter. Zum Beispiel stehen sie an der Bushaltestelle Schlange, statt den Bus zu stürmen, bevor andere Gäste aussteigen können. Eine Schlange bildete sich kurz vor zehn Uhr morgens auch vor einer Chanel Niederlassung, soweit ich weiß, wartet Chanel weltweit eher auf Kunden, nur in Hongkong bilden die Kunden brav eine Schlange, um bei Chanel einkaufen zu dürfen. Na ja, zugegeben, es war fünf Tage vor Weihnachten.

Will man in Hongkong eine Straße überqueren, so stößt man immer wieder auf das Wort „LOOK". Ich überlegte zunächst, wohin ich den nun „looken" sollte. In Japan herrscht

Linksverkehr, in China fährt man rechts, in Thailand links, in Laos und Kambodscha rechts, in Malaysia links, in Vietnam rechts, auf Sanya rechts und in Hongkong wieder links (Philippinen rechts, Brunei links).
Gemeint ist natürlich, dass man vor dem Überqueren bitte doch nach rechts schauen sollte, aber besser ist es, man guckt immer in beide Richtungen. Man weiß ja nie, wo der nächste Fahrer gerade herkommt. Ich fragte mich, was wohl passiert, wenn Hongkong eines fernen Tages seinen Sonderstatus verliert und wieder ein „normaler" Teil Chinas wird. Wird man sich dort dann an den Rechtsverkehr gewöhnen müssen? Na, das mag ein schönes Chaos geben, wenn man dann plötzlich nach links „looken" soll.
Fast zwei Tage ließen wir uns mal mit und mal ohne Reiseführer durch die Straßen treiben und hätten gerne noch mehr Zeit in Hongkong verbracht.

Auf unsere nächste Station, Manila, immer wieder Opfer von Taifunen und Überschwemmungen, waren wir eigentlich sehr gespannt.
Wir hatten gar keine Vorstellung, was uns dort erwarten würde. Gewundert hatte uns allenfalls, dass die zahlreichen philippinischen Kellner an Bord des Schiffes auf die Frage nach Besuchsempfehlungen erstaunlich wenig zu erzählen hatten.

Tja, Manila, ich würde Euch gerne etwas Positives über Manila berichten, aber da muss ich schon lange überlegen.
Diese Stadt scheint alle Probleme der von uns bisher in Südostasien besuchten Städte zu vereinen und noch etwas draufzusatteln.
Nun ja, die bunten Sammeltaxis sind ganz nett anzuschauen und ein Starbucks in den Gemäuern des ehemaligen spanischen Gefängnisses war ganz originell, aber davon abgesehen, hatten wir nicht viel Spaß in Manila.

Die Stadt ist schmutzig und laut, die Reste kolonialer Bauten sind verfallen oder ungepflegt, zudem war es ziemlich unmöglich, auch nur einen einzigen eigenen Gedanken zu fassen, da man ständig Irgendjemanden abwimmeln musste, gefühlte fünf Mal pro Minute! Es ist viel schwer bewaffnete Polizei unterwegs.

Auch vor unserem Schiff waren mehrere mit Maschinengewehren und Hunden ausgestattete Polizisten angerückt, als ob sie hier ständig ganze Banden „wegpusten“ müssten. Außerhalb der Hauptstadt und insbesondere auf abgelegenen Inseln soll es landschaftlich sehr schön sein und tolle Tauchreviere geben, aber Manila steht nicht auf unsere Urlaubswunschliste.

Zwei Tage später liefen wir bei 35°C und leichter Bewölkung in Kota Kinabalu auf Borneo ein. Dieser Teil Borneos heißt Sabah und gehört nach wechselreicher Geschichte seit 1963 zu Malaysia. Wir stiegen gleich in einen Bus, der uns zum Fuße des Mt. Kinabalu (mit 4.101 m der höchste Berg Südostasiens) in den Kinabalu National Park auf 1500 Meter Höhe brachte. Während der Fahrt legten die Wolken immer wieder den oder besser die Gipfel des Berges frei, umgeben von beeindruckender Landschaft und Natur fühlten wir beide irgendwie, dass wir hier länger bleiben könnten.
Orang-Utans gibt es auf dieser Seite des Bergmassivs nicht mehr. Die haben sich in die Reste des Dschungels auf der anderen Seite zurückgezogen. Aber es muss ja schließlich auch genug Grund geben, noch einmal wiederzukommen.

Letzte Station unserer Kreuzfahrt war das Sultanat Brunei. Eine „Einmanndiktatur“, in der auf Demokratie und Wahlen lieber gleich ganz verzichtet wird. Dank sprudelnder Ölquellen vor der Küste eines der reichsten Länder der Erde und streng muslimisch. Im Reiseführer liest man Warnungen, was hier alles mit Prügel- und Gefängnisstrafe geahndet wird: Alkoholkonsum, homosexuelle Akte, Prostitution ... Die Liste ist lang.

Nun, für die fünf Stunden Aufenthalt hier würden wir das wohl hinbekommen, aber meine Lust auf dieses Land war begrenzt. Als unser Reiseführer vor Ort auch von Prügelstrafe für rumhüpfende Schüler berichtete, fiel einer redseligen schwedischen Lehrerin die Klappe runter, und für den Rest der Stadtrundfahrt war Ruhe. Verboten sind auch Bars, Diskotheken und das bei Asiaten so beliebte Karaoke.

Außer dem ganzen Land und zwei Frauen nennt der Sultan unter anderem über 1.300 Luxusautos, davon allein rund 180 Rolls Royce, 2 Hubschrauber, eine Boeing 737 und den größten Palast der Welt sein eigen.

Dieses ‚Land' ist ausschließlich auf eine Person zugeschnitten: Seine Hochwürden, der Sultan. Er hat sich sogar ein eigenes Museum geschaffen, in dem sein Größenwahn bestaunt werden kann.

Die Hauptstadt selber wirkt eher bescheiden, wenn man mal von mehreren gigantischen Moscheen absieht, die der letzte und der jetzige Sultan Allah und dem Volk von Brunei gestiftet hat.

Anlässlich seines Geburtstages verschenkt der Sultan jedes Jahr ein paar Einfamilienhäuser, aber natürlich nur an Einheimische. Für jegliche Schmutzarbeit sind sich die Bruneier zu fein. Diese werden von Gastarbeitern erledigt, die mit lächerlich wenig Geld im Monat auskommen müssen.
90% des BIP stammen aus dem Verkauf von Erdöl. Demnächst will man aber mehr auf Tourismus setzten. Na, dabei wünsche ich viel Spaß - ach nee - geht ja nicht, ist auch verboten.

Nach einem See Tag kamen wir dann wieder in Singapur an. Mit dem Bus fuhren wir über zehn Minuten durch die Hafenanlage, vorbei an Containerstapeln von der Größe einer Kleinstadt. Beeindruckend! Das Hafentor schloss sich hinter uns und damit auch unser aktueller Bericht.

13. Die gewisse Leichtigkeit

Wenig später waren auch meine kleine Firma und unsere Wohnung verkauft. Von jedem letztmaligen Abschließen der Tür gibt es ein Foto. Gemischte Emotionen sind auf unseren Gesichtern zu erkennen und … es fällt schwer, die Tür das letzte Mal abzuschließen.
Hier lebten wir unsere Werte, unsere Gefühle und kämpften so manches Mal für unsere Überzeugungen. Es waren schöne Jahre, die wir hier hatten. Spaß haben sie gemacht!
Jetzt wurde die Tür abgeschlossen! Eine Wahl blieb nicht, die Entscheidungen waren schon lange getroffen. War das alles richtig? Hoffentlich erweist sich das nicht als Fehler! Sollten wir jetzt nicht eigentlich froh sein?
Nach ein paar Tagen konnten wir spüren, dass wir mobil waren. Die Last, die die Selbstständigkeit mit sich bringt, war weg. Wir fühlten uns wie eine Lokomotive ohne Waggons. Nicht, dass es nicht die Bestimmung einer Lokomotive wäre, Waggons zu ziehen, aber ohne Waggons hat das Leben der Lokomotive eine gewisse - Leichtigkeit. Falls es so etwas wie Bestimmung gibt, wer sagt denn, dass Lucas und meine ausschließlich das Arbeiten ist, es kann doch sein, dass unsere Bestimmung auch eine Weltreise ist! Vielleicht ergibt das einen Sinn, das wissen wir jetzt noch nicht. In diesem Punkt waren Lucas und ich uns immer einig und wir wollten diese Weltreise!
Jetzt konnte es losgehen.

XIII. Singapur, Tioman, Delhi

„Nie schöner krank“

Unser italienisches Kreuzfahrtschiff hatte uns sicher nach Singapur zurückgebracht und auf dem Weg zum Flughafen fuhr unser Taxi durch ultramoderne Hochhaussiedlungen, endlos lange Tunnel und vorbei an allem, was man so von einer der modernsten Städte der Welt erwartete. Bevor wir hier über Silvester/Neujahr Station machten, wollten wir noch ein paar Tage auf der Insel Tioman (Malaysia) verbringen. Sie gilt als eine der zehn schönsten Inseln der Welt. Dazu später mehr.
Unser Abflugflughafen war nicht der erwartete Großflughafen von Singapur, sondern stellte sich als winzig heraus und wird hauptsächlich von Privatmaschinen und dem Militär genutzt. So einen niedlichen Flughafen hatten wir seit Afrika nicht mehr erlebt.
Wir waren auf der einzigen Maschine gebucht, die noch abheben sollte, aber nachdem man uns zunächst noch eingecheckt hatte, erfuhren wir, dass diese wegen technischer Probleme auf unbestimmte Zeit ausfiele. Da kommt Flugangst auf!
Alternativ, so sagte man uns, könnten wir ja über Land (mindestens sechs Stunden) und dann mit der Fähre nach Tioman fahren. Auf die Frage, ob die Fähre denn überhaupt führe, bekamen wir nur ein Achselzucken als Antwort. Mangels Alternative warteten wir gemeinsam mit etwa

zwanzig weiteren Gestrandeten geduldig in der „sehr gut klimatisierten“(eiskalten!) Wartehalle, und ich fing mir gleich eine Erkältung ein.

Nach fast vier Stunden Wartezeit ging es dann doch los und der Flug erwies sich als ausgesprochen interessant. Obwohl die Flugstrecke nur in etwa der von München nach Ulm entspricht, flogen wir in eine andere Wetterlage, die hier als Monsun (Wind und Regen) bezeichnet wird. Vermutlich sieben, optisch völlig unterschiedlich geformte Wolkenschichten und -formationen „flogen an uns vorbei“, eine ganze Modenschau verschiedenster Wolkentypen. Ein Traum für jeden Hobbymeteorologen. Für jede Laune eine Wolke. Noch bevor wir die beiden letzten Schichten erreichten, ging es schon wieder nach unten.
Abends saßen wir zum Dinner dann auf der Seebrücke des Hotels und bei leichter Brise fühlten sich 28°C eigentlich ausgesprochen angenehm an. Das Setting war absolut perfekt, ein fast voller Mond spiegelte sich im Wasser
...und ich bekam Schüttelfrost und später Fieber.
Am nächsten Morgen legte ich mich ziemlich gerädert auf die Außenbank unseres Bungalow (unten links) und musste mich nicht einmal zudecken. 32°C im Schatten, kein Windchen und dann dieser herrliche Ausblick.
Ich war nie schöner krank!
Unten am Strand sammelte Lucas Muscheln für unseren (eingemotteten) „Muscheltisch“, und als

ich schnell unsere Kamera aus dem Zimmer holte, um ihn zu fotografieren, merkte ich zuerst gar nicht, dass die Linse der Kamera sofort beschlug. Der Temperatur- (und Luftfeuchtigkeits-) unterschied zwischen unserem klimatisierten Zimmer (ca.22°C) und der Terrasse war so groß, dass ich das Bild unten schoss.

Nach achtzehn Stunden war meine Erkältung dann schon wieder vorbei und Lucas fiel ein Stein vom Herzen. Er hatte schon abgewogen, ob er mich nun erst gegen Malaria, Schweinegrippe oder doch lieber gegen Vogelgrippe behandeln sollte. Vielleicht hatte ich ja auch zu viel über chinesischen Bonzen gemeckert und mich zur Strafe mit Gelbfieber

infiziert. Wie auch immer, ich war wieder gesund und konnte die Insel genießen.
Es ist schön zu wissen, dass da immer jemand ist, der sich um jeden P...s kümmert, alle erdenklichen Medikamente bereithält und auch noch eine Lösung findet, wenn mal etwas völlig danebengeht. Ich kann mich unbesorgt zurücklehnen und schreiben, alles andere macht Lucas.
Eigentlich wollten wir hier unsere neuen Tauchkenntnisse unter Beweis stellen, aber alle ansässigen Tauchschulen haben während der Monsunzeit geschlossen, und so wanderten wir viel an wirklich wunderschönen einsamen Strandabschnitten entlang.
Obwohl es zwei- bis dreimal am Tage für 20 bis 60 Minuten regnet, schafft es die Sonne immer wieder, auch für längere Zeit durch die Wolkendecke hindurch zu brechen und dann schossen mir innerhalb kürzester Zeit tränengroße Schweißperlen auf die Haut, die sich insbesondere im Gesicht zu strömenden Flüssen vereinten.
Das 26°C warme Meerwasser bringt auch nicht wirklich Abkühlung, aber wenn ich an die kalten Tage in Deutschland denke, höre ich sofort auf zu meckern.

Zurück in Singapur (cooler auch S`pore genannt) baten wir abends unsere Hostess um eine Empfehlung für einen schönen Spaziergang in Hotelnähe. Hocherfreut erzählte sie uns, dass man vom Hotel aus direkt in ein klimatisiertes

Einkaufszentrum gelangt und von diesem dann direkt in das nächste und von dort aus wieder usw. ...
Wir merken an, dass wir nicht einkaufen, sondern uns lieber die Stadt anschauen wollten. Sie fing an zu stottern, und wir fragten uns, ob eine Antwort wirklich so schwierig sein konnte.
Eigentlich hatte sie mit Ihrer Antwort und dem folgenden Zögern S`pore unfreiwillig ziemlich perfekt beschrieben. Nicht, dass es hier außer Shoppingzentren nichts zu sehen gäbe - ganz im Gegenteil, Singapur ist eine absolut faszinierende Stadt - aber auf Grund der sehr hohen Luftfeuchtigkeit von über 95% (die höchste auf unserer Reise) und den hohen Temperaturen halten es nur wenige länger draußen aus.
Na ja, dachten wir, es war bereits dunkel und es würde schon nicht so schlimm sein, schließlich hatten wir ja schon einiges hinter uns und machen uns auf den Weg.
Schon nach kurzer Zeit kamen Zweifel und etwas später die Gewissheit auf, die Dame im Hotel hatte es nur gut mit uns gemeint. Der Schweiß lief aus allen Poren, und die Kleidung klebte auf der Haut.
Die nächsten Tage standen im Zeichen eines „taktischen Sightseeings“. Wir eroberten Singapur, indem wir spätestens nach einer halben Stunde Außenprogramm wieder in einen klimatisierten Raum flüchteten.

Singapur ist eine tolle Stadt, die sich städtebaulich, kulturell, kulinarisch und in vielerlei anderer Hinsicht mit so mancher Top-Stadt messen kann.
Besonders Lucas gefiel die absolute Sauberkeit, das Fehlen von Graffiti, eine perfekte Organisation und hohe Zuverlässigkeit, Festpreise, Taxen mit funktionierendem Taximeter,
Es war sehr schön zu sehen, wie Altes und Erhaltenswertes absolut geschmackvoll mit Neuem und Innovativem kombiniert wird.

Viele Pluspunkte könnten wir vergeben, wenn da nur bloß nicht die hohe Luftfeuchtigkeit und die hohen Temperaturen wären!

Im Bild zeigt sich beispielhaft, was Asiaten beim Speisen unter „frisch“ verstehen

In einem Straßenrestaurant fanden wir unter den Aquarien mit Fischen und Krustentieren auch diesen Käfig mit Fröschen auf Bestellung.

Das Bild oben ist ein Beispiel für eine neue asiatische Kreativität, wie wir sie eigentlich nur hier und in Hongkong gefunden haben. Da kann man schon mal probesitzen, für später oder so. Wie auch immer, für die schenkellosen Frösche können die Rollstühle jedenfalls nicht sein. Wir sind ja nicht in Frankreich, hier wird der Frosch schließlich ganz verspeist.

Es war 23 Uhr und wir waren in Neu Delhi gelandet. Mir fiel auf, dass die Weltzeit-Uhren über den Schaltern der Einwanderungsbehörde alle irgendwie falsch gingen. Die Minutenzeiger

standen wo sie wollten, mal fünf nach voll, mal fünf nach halb.
„Na ja“, dachte ich, „wir sind in Indien". Dieser Spruch sollte noch eine besondere Bedeutung für diesen Teil unserer Reise bekommen. Ihr werdet sehen ...

Die Fahrt vom Flughafen zum Hotel vermittelte dann wieder einen ersten Eindruck. Ich fing an zu verstehen, warum wir so oft von dem unvermeidlichen Kulturschock gehört hatten.
Aus vier „Autobahn“-spuren macht man hier mal eben fünf oder sechs und man fährt immer dort, wo sich gerade eine Lücke auftut. Dabei wird permanent gehupt und solange direkt aufeinander zugefahren, bis ein Beteiligter ausweicht. Ich hatte das Gefühl, als ob das Auto dem Geflecht eines Zopfes folgt: links, rechts, Mitte,...
Im Hotel angekommen, gehe ich recht bald ins Bett. Lucas wollte „noch schnell“ eine Buchung vornehmen und „verschwand“ im Internet, was dann Stunden dauerte (da wie immer mit Schwierigkeiten verbunden). Als er endlich ins Bett wollte, musste er noch den Wecker stellen. Aber auch hier im Hotel schienen alle Uhren zu spinnen und zeigten irgendetwas an, nur keine nachvollziehbare Uhrzeit. Bis wir endlich geschnallt hatten, dass Indien dreieinhalb Stunden Zeitunterschied zu Singapur hat, war es mitten in der Nacht und Lucas und ich wieder hellwach. Originalton Lucas: „So ein Schwachsinn!“

Unser nächster Tag begann mit einem geführten Rundgang durch das Alte Delhi. Ich war ja gewarnt und auf das Schlimmste vorbereitet: Bettler, Trickser, Taschendiebe, Gauner, aufdringliche Straßenverkäufer, aber es war lange nicht so schlimm. Nicht, dass hier nicht auch gebettelt würde, aber in Manila ist es schlimmer. Dennoch ist die Stadt, gelinde gesagt, anstrengend. Es wimmelt nur so von Menschen und nach unserem deutschen Verständnis ist alles völlig chaotisch. Es dauert hier alles viel länger, aber irgendwie klappt es dann doch. An den permanenten Körperkontakt mit meinen indischen Mitmenschen musste ich mich aber erst gewöhnen.

Schon am Vorabend beim Landeanflug auf Delhi hatte es auffällig verbrannt gerochen. Während es hier im Sommer mit bis zu 50°C unerträglich

heiß wird, sind die ersten Januarwochen in der Regel die kältesten des Jahres, und dieses Jahr, so titelten die Zeitungen, waren es noch 8°C weniger als im Schnitt. Die Menschen frieren. Selbst in den Häusern am Straßenrand, in denen die „Glücklicheren“ wohnen, haben die wenigsten eine Heizung. So wickeln sie alles an Bekleidung was sie besitzen um Leib und Kopf. Männchen und Weibchen sind nicht mehr zu unterscheiden. In Decken verhüllt kauern sie dann abends um Lagerfeuer herum, die sie vor ihren Behausungen entfacht haben und mit allem Brennbaren füttern, was die umliegenden Müllberge so hergeben. Die Armut und das Elend auf den Straßen schlägt fast alles, was wir bisher gesehen und erlebt haben, und es ist schon sehr bewegend, so viele Menschen frierend zu sehen. Indien, die neue aufstrebende Weltmacht?

Nicht nur die Menschen frieren, auch die zahllosen Tiere, die sich hier wie selbstverständlich in das Straßenbild fügen. Wiederholt sahen wir Hunde, die sich zum Wärmen in die Asche der erloschenen Feuer gesetzt hatten. Dabei wurden sie unten ganz schwarz, was fast schon wieder lustig aussah.

Um die gewaltige Jami Majid Moschee zu besichtigen, muss man - wie vor allen Tempeln und Moscheen - die Schuhe ausziehen und zusammen mit hunderten anderen vor dem Eingang zurücklassen.

Oh je, Lucas schöne neue Schuhe! Gerade erst in Singapur erworben und erstmalig in Gebrauch! Jetzt hieß es wohl schon Abschied nehmen. Lucas Mundwinkel fielen weit nach unten, und ich hatte das Gefühl, dass auch seine Augen vor lauter Abschiedsschmerz die Form der Mundwinkel annahmen. Nicht nur die schönen Schuhe waren in Gefahr, auch die schönen Strümpfe, mit denen er nun über das mit Taubenkot verzierte Moscheen Gelände laufen sollte. Lucas Gesichtszüge gerieten kurzzeitig außer Kontrolle. Den Besuch abblasen und sich die Blöße geben? Nicht so Lucas! Und dank eines selbsternannten „Schuhaufpassers“ wurden ihm seine Schuhe nach ungefähr einer Stunde gegen einen kleinen Obolus persönlich wieder übergeben.

Am nächsten Tag war Neu Delhi auf dem Programm. Irgendwann standen wir im Regierungsviertel, als plötzlich, wie aus dem Nichts, Reporter auf uns zustürmten. Die Aufmerksamkeit galt aber nicht uns, sondern den zahlreichen prominenten Politikern, die gerade aus der Sitzung der indischen Nationalversammlung gekommen waren und sich den Fragen der Journalisten stellten.
Mit Abstand am meisten Aufmerksamkeit erhielt ein Bollywood-Star, der jetzt einen Bundesstaat im Süden des Landes vertritt. Als Einziger stieg er nicht in einen indischen Regierungs-Ambassador (süße kleine, an alte Morris erinnernde Autos aus indischer Produktion),

sondern in einen weißen Mercedes der S-Klasse.
Irgendwie mussten wir an Arnold denken, aber der fuhr ja Hummer oder Harley. Ein schönes Spektakel für zwanzig Minuten. Das gigantische Regierungsviertel ist übrigens von den Engländern erbaut worden.

Das Foto oben zeigt die Schlüsselsammlung eines Parkwächters. Um die raren Parkflächen „optimal" nutzen zu können, gibt man die Autoschlüssel ab. Die Autos werden so eng gestellt, dass deutsche Autobesitzer eines plötzlichen Herztodes sterben würden, und es mindestens fünfzehn Minuten dauert, bis der Parkwächter einen Wagen wieder „freigeparkt" hat. Die „Freiparkzeremonie" erinnerte mich sehr an den Zauberwürfel aus den frühen achtziger Jahren.

Viele antiken Sehenswürdigkeiten in Delhi, wie zum Beispiel das Rote Fort und das Homayun Mausoleum, sind sicher sehenswert. Leben möchte ich in Delhi nicht.

14. JUST DO IT!

Oft macht man in seinem Leben einen Feind aus, den man dafür verantwortlich machen kann, nicht so frei leben zu können, wie man gerne möchte. Das kann der König, der Präsident, der eigene Chef oder der Alltag sein. Die empfundene Unfreiheit birgt jetzt einen Traum in sich, für den es zu kämpfen gilt. Wenn aber aus dem Traum Realität wird, der Feind nicht mehr im Wege steht und es darum geht, die neue Realität mit Leben zu füllen, muss die Frage beantwortet werden: Wie?
Auch wir waren jetzt in diesem Stadium, in dem der Feind fehlte.
Unser Ex-Feind, der Alltag, der uns von so vielem abgehalten hatte, war nicht mehr. Wir hatten keine Immobilie und keine Selbstständigkeit mehr am Hals. Jetzt hieß es, zu zeigen, dass es sich gelohnt hatte, bis hier zu gehen, jetzt hieß es Hoffnungen zu erfüllen, die in uns gesetzt wurden, von Menschen, die sich für uns, die sich mit uns, freuten.
Ich will sagen, erst jetzt wurde es ernst für uns. Diese Weltreise war kein Traum mehr. Was tun auf der Weltreise? Hier, und erst jetzt, konnten

wir unser Leben in die Richtung lenken, wie wir uns es erträumt hatten. Noch etwas ist typisch für dieses Stadium: Eine zweite große Chance im Leben gibt es häufig nicht.
Also lautet die Frage nicht mehr, was macht unglücklich, sondern, was macht glücklich?
Lucas möchte sein Französisch wiederbeleben. Eine Zeit in Paris wäre schön, vielleicht ein Vierteljahr? Ich will malen lernen. Wir möchten so lange Bücher lesen, bis wir keine Lust mehr dazu haben, vor allem aber nicht dabei gestört werden, am liebsten auf einem Containerschiff auf dem Weg nach Australien und ohne Nachrichten!
Sydney war schon lange ein Top-Ziel und Motivation für eine Weltreise. Kanada, mit Ostküste, Vancouver und die Rockies, die ich unbedingt sehen wollte. Lucas wollte Asien bereisen, einen Teil der Welt, den wir bisher sträflich vernachlässigt hatten. Japan war mein Traumziel in Asien und Bhutan seins. Auf der Liste ganz oben standen auch Brasilien und der Amazonas, Hawaii, Burma, Neuseeland …

Waren wir blauäugig? Wie konnte es sein, dass wir für unseren Traum so lange gekämpft hatten, ihn unter vielen Opfern gewonnen hatten und jetzt bei der konkreten Auswahl der Ziele recht ratlos waren?

Wir schrieben jedes Ziel, jeden Wunsch auf jeweils eine Karteikarte und verschoben diese solange, bis wir eine logische Reihe hatten.

Bevor wir sie wieder auseinander nahmen, fotografierten wir sie, um uns später besser daran erinnern zu können. Das ging ein paar Tage so, mal lagen die Karteikarten auf dem Tisch, mal lagen sie auf dem Fußboden, mal stand ein Becher Kaffee daneben, mal ein Glas Wein. Drumherum standen zwei Laptops zum „synchrongoogeln" und jede Menge Reiseführer, Croissants, Käse, Schokolade ...
Innerhalb von drei Tagen entstand das Gerippe des ersten Teiles unserer Weltreise.
Wir wollten den erstaunlicherweise viel günstigeren Preis für ein Around-the-World-Flugticket ab und bis Japan nutzen und Japan war auf unserer „To-Do-Liste" sowieso ganz oben. Also suchten wir ein Kreuzfahrtschiff, das am Sommersaisonende von Kanada aus nach Asien überführt wird, um den Winter über dort Geld zu verdienen.
Diese Überführungsfahrten sind für die klassischen Kreuzfahrtkunden uninteressant, da sie für eine lange Zeit keinen Landgang bieten. Ideal für unsere Bedürfnisse: Zweisamkeit, lesen, nichts sehen und nichts hören ... und das auch noch zu einem erstaunlich günstigen Preis!
Wir fanden ein Schiff, das perfekt in unsere Reiseplanung passte, nach Japan fuhr und billiger als ein gutes Hotel war. Damit waren dann auch mein geliebtes Vancouver und auch New York Ziele auf unserer Route um die Welt.
Wir planten also rückwärts. Wir wussten, wann wir in Vancouver in See stechen und wann wir in Japan festmachen würden. Wir planten für

Japan vier Wochen ein und hatten somit auch unseren Starttermin für unsere Around-the-World-Tickets.
Eines von unseren beiden Tickets war ein Prämienticket und so mit einigen Restriktionen belegt. Wir mussten mit nur sieben Zwischenstationen um die Welt fliegen. Ein Jahr hatten wir dafür Zeit, und ich wollte knapp sechs Monate später zum Geburtstag meiner Mutter wieder zu Hause sein. Danach sollte es dann weitergehen nach Hawaii und vielleicht zurück nach Tokio.

Jetzt ging es also „nur" noch um die Strecke Tokio - München, und wir hatten dafür fünf Landungen.
Wir einigten uns auf (0) Japan (vier Wochen), (1) Peking (eine Woche), (2) Bangkok (5 Wochen, Thailand, Laos, Kambodscha), (3) Singapur (vier Wochen, Malaysia und Kreuzfahrt), (4) Delhi (acht Wochen, Indien, Bhutan, Dubai, Oman), (5) Istanbul (3Tage), (6) München, (7) Hawaii.

Wenn man das Planen seiner Weltreise überhaupt als Arbeit bezeichnen kann, dann hat mir arbeiten nie mehr Spaß gemacht, als diese drei Tage voller Reiselust und Neugier.

XIV. Bhutan

"Earthquake Hotel"

Wir verließen Neu Delhi mit „Drukair", vermutlich die kleinste Airline der Welt. Eine von vier Maschinen hatte derzeit technische Probleme und die verbliebenen befanden sich nunmehr im Dauereinsatz.
Unser Flug war zu höchstens 20% besetzt, sodass Lucas und ich bequem jeweils eine Sitzreihe auf der linken Seite beanspruchen konnten und bei herrlichem Wetter und wolkenfreiem Horizont Ausblick auf die höchsten Gipfel des Himalajas genießen konnten.

Im Flugzeug war es ungewöhnlich still. Einheimische Vielflieger schliefen und den wenigen Touristen an Bord hatte die

atemberaubende Szenerie die Sprache verschlagen.
Unser Ziel war Paro, einziger Flughafen Bhutans, ein bis noch vor wenigen Jahren freiwillig völlig isoliertes Königreich im Himalaja, von dem ich von den echten Insidern unter unseren Freunden und Bekannten schon so viel gehört hatte.
Es schien, als ob alle, die schon einmal dort gewesen waren, voller Begeisterung von der Schönheit und Einmaligkeit eines armen, aber glücklichen Volkes berichteten.
Vor Jahren hatte ich in einer Ausgabe von GEO-Wissen von dem Bruttosozialglück (statt Bruttoinlandsprodukt) gelesen, welches im Bhutan auch durch eine vorsichtige Öffnung und Einführung demokratischer Strukturen nach westlichem Muster nicht gefährdet werden sollte.
Ich hatte mich auf diesen Teil unserer Reise ganz besonders gefreut. Bhutan war sozusagen das Kernstück unserer Asienrundreise.
Ich versuchte, nicht zu hohe Erwartungen aufzubauen, konnte aber beim Anblick des majestätischen Mt. Everest und der unendlichen Stille und Melancholie, die von diesem Naturschauspiel ausging, gar nicht anders, als mich unglaublich auf dieses Land zu freuen.
Als das Kabinenpersonal dann auch noch leise bhutanische Flötenmusik auflegte, wurde mir richtig warm ums Herz. Dabei hatte ich mich bisher eigentlich für ziemlich „schnulzenresistent“ gehalten. Was Vorfreude so ausmacht!

Minus 16°C bis höchstens minus 1°C hatte Yahoo tagelang für Paro vorhergesagt, und das hatte uns dann doch etwas geschockt. In Paro angekommen, war es windstill und sonnig. Die tatsächliche Außentemperatur war schwer zu schätzen, aber es fühlte sich an wie ein warmer Wintertag auf Mallorca.
Nach dem Sonnenuntergang wurde es ungemütlich und abends im Hotel dann richtig kalt. Selbst in der Hotelbar zog die Kälte die Beine hoch, aber ein heißes Bad hilft mir ja immer, und der Sternenhimmel war so wunderschön wie schon lange nicht mehr.
Da wir keine Rundreise, sondern eine West-Ostdurchquerung des Landes gebucht hatten, stand für uns am nächsten Morgen gleich der Höhepunkt jeder Bhutanreise auf dem Programm.
Das Tigernest-Kloster (Coverbild), ein geradezu abenteuerlich in die Felsen gebauter Meditationstempel, ist nur zu Fuß nach mühsamer Wanderung zugänglich. (Coverbild) Im Buddhismus hat das durchaus seinen Sinn: Nur wer sich bemüht, erhält eine Belohnung. Für uns waren fünf Stunden Wanderung angesetzt, und schon nach einer halben Stunde wussten wir, dass wir das nicht schaffen würden. Wir waren nach der schwülen Hitze Südostasiens einfach noch nicht auf diese Höhe umgestellt und bekamen bergauf sofort Herzjagen.
Unser Reiseführer riet in diesem Fall etwas zu schummeln, und die halbe Strecke auf dem Rücken eines Maultieres zurückzulegen. Lucas

setzten sie auf ein Pferd. Ich bekam ein Maultier zugewiesen, diese sind belastbarer.

Den weiteren Aufstieg empfand ich dann ungefähr so, als würde man mich zehnmal die Münchener Frauenkirche rauf und runter jagen. Herzfrequenz und Schweißproduktion schienen einander übertrumpfen zu wollen, und irgendwie verstand ich, warum man Pferden und Maultieren den zweiten Teil des Aufstiegs nicht zumuten wollte. Mit ganz vielen Pausen war das aber zu schaffen. Es war atemberaubend schön dort oben.

In den nächsten Tagen trafen wir immer wieder Einheimische, die uns freundlich zuwinkten, sich gerne fotografieren ließen und uns beim Bogenschießen nicht nur zugucken ließen, sondern wie selbstverständlich in ihre Mitte nahmen und uns einmal schießen ließen. Irgendwie schienen alle immer ein Lächeln übrig zu haben. Ich war wirklich beeindruckt!

Ich weiß nicht, worauf diese natürliche Freundlichkeit zurückzuführen ist. Vielleicht liegt es am Buddhismus, der Abgeschiedenheit der vergangenen Jahrhunderte und den eher dörflichen Strukturen der besuchten Orte. Sie liegt sicher auch an einer zumindest teilweise noch erhaltenen Unverdorbenheit, die Freundlichkeit und Lächeln noch nicht als Ware definiert.
Oft war ich aber geschockt, wenn ich Einblick in die wohnlichen, vor allem in die sanitären Verhältnisse der Bevölkerung, besonders der Mönche, bekam. In Deutschland würde unter diesen Umständen sicher keiner mehr lächeln.

Eines Abends kamen wir in unserem Hotel mit einer deutschsprechenden Chinesin ins Gespräch, die im Auftrag ihrer Regierung durch Bhutan reiste, um herauszufinden, warum die

Menschen hier so viel glücklicher sind als die Bewohner des ländlichen Chinas.
Es hat mich schon erstaunt, dass es von offizieller Seite solche Überlegungen gibt und ich finde es interessant, dass sich die chinesische Regierung scheinbar nicht vor den Erkenntnissen dieser interessanten Frau fürchtete.
Ich könnte der chinesischen Regierung spontan so einiges erzählen ... , hätte dann aber wohl keinen bezahlten Job mehr.
Und wenn wir schon beim Thema sind:
Gleich am ersten Abend erzählte uns unser Guide, dass die Landkarte Bhutans, vor der wir gerade saßen, neu gezeichnet werden muss, da die Chinesen den nördlichsten, kaum zugänglichen Nordwestzipfel des Landes, im Verlauf von zwanzig Jahren besetzt und dann zu chinesischem Territorium erklärt hatten.
In diesem Gebiet liegt auch der vormals höchste Berg des Landes. Man kann nur hoffen, dass in Bhutan nie große Bodenschätze gefunden werden (wie in Tibet), sonst wird das Land wohl ganz von der Weltkarte verschwinden. So, jetzt höre ich aber auf, über chinesische Machthaber zu schimpfen, sonst bekomme ich doch noch Gelbfieber.

Mit Blick auf die Landkarte berichtete unser Guide am ersten Abend auch von einem „unerwarteten“ Erdbeben im Osten des Landes vor wenigen Wochen und erinnerte mich so daran, dass wir uns an einer Stelle der Erde befinden, an der zwei Erdplatten aufeinander treffen. Später mehr dazu!

An den nun folgenden Tagen lag der Schwerpunkt unserer Besichtigungen in wunderschönen alten Befestigungsanlagen, hier Dzongs genannt. Von diesen Dzongs aus werden seit Jahrhunderten die verschiedenen Landesteile verwaltet. Während früher zwischen weltlicher und religiöser Macht nicht unterschieden wurde, sind die Dzongs heute in ihrer Funktion geteilt.
Eine Hälfte wird von der königlichen Verwaltung genutzt (alle Mitarbeiter werden nach Ausschreibungen vom König ernannt, Wahlen und Demokratisierung im westlichen Sinne gibt es auf lokaler Ebene noch nicht), die andere Hälfte beherbergt Kloster und Tempel.

Faszinierend ist, dass alle Dzongs wie eh und je in voller Funktion sind. Wie auch in anderen Klöstern finden hier männliche Waisen und Jungen aus besonders ärmlichen Verhältnissen Aufnahme. Oft werden sie von ihren Eltern hier „abgegeben", wenn diese nicht in der Lage sind, sie zu versorgen oder gar in die Schule zu schicken.

Für junge Mädchen soll es laut unserem Reiseführer ähnliche Angebote geben, aber wir hören und sehen davon auf unserer Reise nichts mehr, und ich glaube ihm das nicht so recht.

In den Dzongs empfand ich oft eine mystische Stimmung. Irgendwie scheint hier die Zeit stehen geblieben zu sein.
In einigen Dzongs befinden sich Tempel, die für Buddhisten eine ganz besondere Bedeutung und Wichtigkeit haben, und die auch als Pilgerstätten fungieren.
Unser Fahrer und selbst unser Guide, der drei Jahre in Salzburg studiert hatte, und nach eigenem Bekenntnis nur noch zur Hälfte an die Lehren Buddhas glaubt (die moderne Wissenschaft hätte ihm einfach zu viele Glaubensmerkmale widerlegt).

Die beiden werfen sich nach Betreten dieser Tempel sofort auf den Boden und beginnen, wie alle anderen einheimische Besucher auch, mit ihrer umfangreichen Gebetszeremonie. Dabei wird sich immer und immer wieder abwechselnd erhoben und zu Boden geworfen, mal mit Blick zum Altar, mal zum Boden. Mir würde dabei bestimmt ganz schwindelig werden. Besonders die Alten taten mir leid, man merkte einigen an, dass sie hierbei an die Grenzen ihrer Kraft stießen.
Anschließend geht es Richtung Altar. Hier wird dann die Gabe (das Geld) herausgeholt, mit beiden Händen gegen die Stirn gehalten und sich dabei wohl etwas gewünscht, bevor es in Richtung Buddha geworfen wird. Der mittelfristige Verbleib des Buddha zugedachten Geldes bleibt wohl im Dunkeln. Für das Kloster gibt es separate Behälter.

Irgendwie fällt mir dabei ein alter Spruch ein, wonach Medizin weh tun und etwas kosten muss, um zu helfen. Die Zeremonie endet dann damit, dass die devoten Gläubigen (und bei ausreichendem Interesse auch die Touristen) von einem Mönch etwas Weihwasser in die Handfläche gegossen bekommen.
Korrekterweise befeuchtet man dann seine Lippen mit dem Wasser, deutet an, davon zu trinken und tupft sich, mit einer Handbewegung Richtung Hinterkopf, das restliche Wasser auf die Stirn.
Unsere Guides machten es uns vor, und wir beide versuchten es möglichst gut nachzumachen. Ich trank etwas Weihwasser (was Lucas total eklig fand) und erwische mich dabei, wie ich mir dann mit dem restlichen Weihwasser meine Haare „zurechtgelte“.

Bhutan ist ein wirklich schönes Land. Er zieht uns in seinen Bann. Das Land ist reich an Kuriositäten in vielen Bereichen. Im westlichen Teil des Landes gibt es einen deutlichen Frauen- und im östlichen einen deutlichen Männerüberschuss. Männer dürfen mit mehreren Frauen verheiratet sein. Der vierte König -inzwischen regiert sein ältester Sohn als der Fünfte - hat derer vier, die zudem auch noch Schwestern sind. Na ja, big deal, unser Ex-König Gerhard (Schröder) hatte ja auch vier, nur das der sich zwischendurch scheiden lassen musste. Im Osten des Landes können auch Frauen mit mehreren Männern gleichzeitig verheiratet sein.

Das mildert nicht nur das Problem des Männerüberschusses sondern macht auch deshalb Sinn, weil Männer ja oft über längere Zeit mit der Viehherde in den Bergen sind.
So wechselt man sich halt ab.

Eine andere Kuriosität -Achtung es wird heikel!- sind Penisse. Ja, richtig gelesen, Penisse in allen Größen, Formen und Farben. Penisse aus allen erdenklichen Materialien, als Bild oder Skulptur. Insbesondere in den mittleren und östlichen Landesteilen findet man sie in und an fast allen Häusern. Sie sollen böse Geister vertreiben (sehr interessant) und gelten als Fruchtbarkeitssymbol. Niemand hier nimmt daran Anstoß.
Im Gegenteil, Mann und Frau posieren sogar vor der Kamera, vor und neben besonders großen oder originellen Penissen und stellen die Fotos zu Hause dann hübsch gerahmt zur Schau. Auch in den Tempeln und Dzongs findet man Zeichnungen und Skulpturen von Penissen, erigierten Herren und kopulierenden Göttern. Schwer tut man sich lediglich damit, dieses den oft prüden Besuchern aus westlichen Ländern zu erklären. Erst ein energisches Nachhaken führt dann zu der Aussage, dass „das" doch alles ganz natürlich sei und keiner von uns ohne „das" hier wäre. Ich finde, wo sie Recht haben, haben sie Recht.
Unsere Reise führte uns weiter in den Osten Bhutans. Nur wenige Touristen, unser Guide schätzt 50 bis 60 pro Jahr, kommen hierher. Die

Fahrt dorthin war außergewöhnlich und die Natur, atemberaubend schön.

Mit den Lebensverhältnissen der Einheimischen werden auch die Dzongs (und unsere Unterkünfte) immer einfacher. Der Renovierungsstau ist hier beträchtlich. Wir sind im Himalaya und dementsprechend sind die Berge hoch und die Täler tief.
Beim Bau der Straße kamen viele hundert (meist indische) Arbeiter um, und unser Fahrer deutete in die Tiefe auf das Wrack eines Busses, in dem 80 Insassen den Tod fanden. Glücklicherweise hatten wir einen guten Fahrer und so blieben uns allzu große Schrecksekunden erspart.
Mangels Restaurants auf den Strecken picknickten wir zweimal in dreitausend Meter Höhe bei herrlichstem Sonnenschein und

fantastischem Blick auf schneebedeckte Giganten.
Danach wanderten wir für eine halbe Stunde die Passtrasse entlang und genossen die Ruhe und Abgeschiedenheit. Dieses war definitiv eine der außergewöhnlichsten Strecken, die wir bisher erleben durften. Es fällt jetzt leicht zu verstehen, warum Bhutan zu den wenigen Ländern gehört, die nie von Kolonialmächten besetzt wurden. Die sind hier einfach nicht über die Berge gekommen.

Eigentlich wäre unser Bericht über Bhutan jetzt zu Ende. Eigentlich, wenn da nicht die versprochene Geschichte mit dem Erdbeben wäre.
Es war unser vorletzter Abend in Bhutan, und obwohl wir ja schon einiges hingenommen hatten, war die uns dieses Mal zugedachte nächtliche Unterkunft einfach indiskutabel. Lucas weigerte sich schlichtweg hier zu übernachten. Mit sehr einfach kann er leben, mit sehr dreckig nicht.
Nun, es weigerte sich leicht, nutzte hier nur nicht viel. In diesem Dorf und im Umfeld von drei Autostunden gab es nur ein Hotel, und das wurde nicht für Ausländer gebaut.
Nach langem Hin und Her bot man uns schließlich ein Zimmer im „frisch renovierten" Ausweichquartier des Hotels an.
Nennenswert besser war das Zimmer nicht, aber mangels Alternative richteten wir uns hier ein.

Eine Nacht würden wir schon überleben. Überleben?
Nun vielleicht doch nicht. Kaum hatten die armen Jungs unsere Koffer über drei Treppen in die Zimmer geschleppt, riet uns ein anderer Mitarbeiter dringend, doch lieber in dem (dreckigen) „Mutterhaus“ des Hotels zu übernachten. Dieses sei aus Beton gebaut und schließlich gäbe es heute Nacht ein Erdbeben, sogar die Regierung hätte eine Warnung herausgegeben.
Eine bitte was? Ich hatte noch nie zuvor von einer „Erdbebenwarnung“ gehört. Bei unserem, ach so westlich geprägtem Guide, zogen lange Sorgenfalten über das Gesicht, die im Laufe des Nachmittags immer länger und tiefer wurden. Wir erlebten gerade heute eine partielle Sonnenfinsternis und auf eine solche folge halt immer ein Erdbeben. Das hinge mit dem Zorn der Götter zusammen - ach ja, hatten wir gehört - wenn der besagte Gott sich kratzt, bebt die Erde. Unser Guide behauptete zwar, nicht wirklich daran zu glauben, aber wir glaubten ihm nicht. Ganz deutlich spürte ich seine bhutanische Prägung (Hang zum Aberglauben, zur Mystik und zur Gottesfurcht). Ganz aufgeregt zeigte er uns die offensichtlichen Schäden am Hotel, die vom vorletzten und letzten Erdbeben stammen (siehe Foto, Lucas hat das Hotel „Earthquake Hotel“ getauft).

Nein, einem weiteren Erdbeben würde dieses Haus nicht standhalten. Mit weit geöffneten Augen deutet er zudem auf den Hang, auf dem das Hotel steht, und mit einer ausholenden Armbewegung von oben nach unten verdeutlichte er uns den weiten Weg hinunter ins Tal, den wir mit den Resten des Hotels im Falle eines Erdbebens antreten würden.
Das Ganze hatte schon etwas Mystisches, etwas Surreales. Die partielle Sonnenfinsternis brachte die absolute Gewissheit für alle Anwesenden, (es wurde zur Bestätigung sogar noch der Dorfweise herangeführt) dass es so kommen werde!
Die Telefone unseres Guides und unseres Fahrers klingelten permanent.
Jetzt kam auch noch eine genauere Vorhersage, das Erbeben werde heute Nacht um 1:00 Uhr ausbrechen. Ich konnte mein Lachen kaum

zurückhalten, so ein Quatsch! Ich hatte es nicht für möglich gehalten, dass offensichtlich selbst führenden Köpfe in Bhutan, die im Westen studiert haben, so etwas wirklich glauben und mit ihren Äußerungen und Warnungen die allgemeine Angst noch verstärken.
Also, sagte unser Guide, natürlich könnten wir hier schlafen. Pause.
Allerdings müsste er dann auch hier schlafen. Pause.
Alleine! Pause.
Weil der Fahrer in dem Falle im Auto und auch alle Dorfbewohner im Freien schlafen würden! Ausrufezeichen!
Was sollten wir tun? Ich bin gegen einen „Rückzug“, überließ die Entscheidung aber lieber Lucas. Schweren Herzens, aber zur sichtlichen Erleichterung der versammelten Anwesenden, beschloss Lucas, in das (dreckige) Mutterhotel im Ortskern zurückzuziehen.
Also zogen wir wieder um und hatten unsere Ruhe (und unseren Ekel). Vorm Schlafengehen wünschte ich unserem Guide nicht „Gute Nacht“, sondern „Happy Earthquake“, worauf hin der sich vor Lachen kaum wieder beruhigen konnte.
Lucas machte sich so seine Gedanken. Was wäre wenn? Wenn die absolut einzige Straße verschüttet wäre und wenn wir hier für Wochen feststeckten.

Am nächsten Morgen hatte Lucas Herpes und ich Flohstiche. Na ja, besser als Erdbeben.

Als wir Bhutan am Folgetag Richtung Assam / Indien verließen, schlossen die bhutanischen Grenzer auf meine Bitte hin, extra für das Foto, das sonst offene Grenztor.
Eine Zeitreise ging zu Ende und vor uns lag das chaotische Indien.

15. Feintuning

Unsere Grobplanung stand: Die Kreuzfahrt nach Japan und die Flüge um die Erde waren gebucht.
Da wir um die Weihnachtszeit nicht die hohen Hotelpreise zahlen wollten, buchten wir noch eine interessante Kreuzfahrt über die Weihnachtswoche.
Das sollte es aber auch gewesen sein mit unseren Vorausbuchungen. Wir wollten ja möglichst flexibel bleiben.
Wir wussten, den größten Fehler, den man in dieser Phase machen kann, ist sich zu viel vorzunehmen. Das war recht schwer für uns, denn wir waren jetzt so richtig elektrisiert und motiviert, endlich loszulegen. Wir waren gewohnt, schnell durch unsere Welt zu gehen, und auf dem Tisch lagen noch so viele Karteikarten mit Zielen.
Fast originell wurde es, als wir uns eine Karte „Urlaubszeit" einbauten. Urlaub vom Urlaub, das ist doch klasse!
Dennoch hielten wir uns zurück und wollten für unsere Verhältnisse mit viel Zeit reisen.
Abgesehen von zwei / drei Unterkünften an Orten, die fest eingeplant waren, und bei denen der Frühbucherpreis kaum zu unterbieten war, buchten wir von zu Hause aus nichts mehr.
Später auf der Weltreise haben wir zwischen zwei Wochen und zwei Tagen im Voraus gebucht, je nachdem, wo und wann wir was machen wollten.

Damit waren wir flexibel. Kuala Lumpur kam so ungeplant auf unsere Reiseroute, aber manchmal konnten wir so einfach auch einen Gang runter schalten.

XV. Indien

"In bed with Madonna"

Die letzte E-Mail endete mit der Ausreise aus Bhutan. Um aber mit Indien beginnen zu können, begeben wir uns gedanklich noch einmal zurück zu unserem letzten Morgen in Bhutan.

Dort sollte uns ein indischer Guide mit indischem Fahrzeug abholen, doch von dem fehlte zunächst jede Spur. Die Fahrt sollte in den indischen Bundesstaat Assam und somit in die risikoreichste Region unserer Reise führen. Assam grenzt an Bangladesch, Burma, China und Bhutan und ist nur durch einen kleinen „Flaschenhals" mit dem restlichen Indien verbunden. Erst seit kurzem dürfen Touristen in diesen Teil Indiens und in den angrenzenden südlichen Teil des Bhutans reisen.
Separatisten hatten die anliegenden Berge im Bhutan lange Zeit als Rückzugsgebiet vor den indischen Truppen genutzt und wurden schließlich von der bhutanischen Armee vertrieben. Deswegen fanden und finden immer

wieder Anschläge auf bhutanische Fahrzeuge statt, und so dürfen diese nur im Konvoi und in Begleitung der indischer Armee durch die Provinz Assam fahren. Sonntags werden jedoch keine Konvois durchgeführt und natürlich war Sonntag und wir mussten nach Guwahati, um von dort unseren Anschlussflug nach Delhi zu bekommen.

Aber wie?

Unser bhutanischer Guide wurde sichtlich nervös. Sollte er das Risiko eingehen, uns unzulässiger Weise mit seinem in Bhutan registrierten Fahrzeug zu transportieren? Was, wenn uns etwas passieren würde?

Irgendwie gelang es ihm dann doch noch, einen indischen Fahrer mit indischem Fahrzeug aufzutreiben, mit dem er uns alleine jedoch nicht nach Indien schicken wollte. Also machten wir uns zu viert auf den Weg und hatten dann doch eine Militäreskorte vor und hinter uns. Warum? Wir wissen es nicht.

Die Fahrt nach Guwahati war in erster Linie ein weiterer Kulturschock. Wir fuhren durch plattes Land mit hoher Bevölkerungsdichte und -wie wohl fast überall in Indien - ohne Ende Plastikmüll in allen Straßengräben. Darüber hinaus schien ALLES mit einem grauen Staubmantel bedeckt zu sein. Auch die zahlreichen Assam-Teeplantagen am Wegesrand machten keinen sehr vertrauenerweckenden Eindruck.

Auf dem streng bewachten Flughafen von Guwahati verbrachten wir unsere Wartezeit im Restaurant bei Kerzenlicht. Romantisch? Nicht wirklich, es war bloße Notwendigkeit. Die örtliche Stromversorgung war wieder einmal ausgefallen, und die Kraft des Flughafengenerators reichte gerade einmal für eine Notbeleuchtung aus. Das ist schon ein komisches Gefühl, wenn auf einem

Flughafen der Strom ausfällt. Hier schien das aber völlig normal zu sein, und wir waren weit und breit die einzigen Europäer.

Von Delhi aus (Wiedervereinigung mit unseren Koffern) über Agra (Taj Mahal) starteten wir dann eine 17tägige Rundreise durch Rajasthan.
Wir reisten von einer Stadt zur nächsten, oder besser gesagt, von einem Maharadscha-Palast zum anderen und davon gibt es unglaublich viele!
Fast jede ältere Stadt hatte bis zur Unabhängigkeit Indiens ein eigenes Herrscherhaus, und fast jeder Maharadscha hatte mehrere Residenzen, die scheinbar alle darauf ausgelegt waren, alle Bisherige in den Schatten zu stellen.
Anfangs glaubte ich, jeden Tag so ziemlich das Gleiche zu sehen zu bekommen, aber ich musste meine Einstellung schnell revidieren. Reichtum und Prunk der Maharadschas auch über 65 Jahre nach ihrer offiziellen Entmachtung und sicher erheblichem zwischenzeitlichen Verfall, sind schier unvorstellbar! Ich kann verstehen, dass einige Touristen immer wieder hierher zurückkehren und immer wieder etwas Neues entdecken.

Eines Abends, in einem teilweise zu einem Hotel umgebauten Maharadscha-Anwesen, bestellte ich an der Bar ein hier typisches Limonen-Soda. Ich wollte dem Kellner gerade unsere Zimmernummer mitteilen, als dieser mir zu meinem Erstaunen zu verstehen gab, dass er ganz genau wüsste, in welchem Zimmer wir wohnen. Schließlich sei die Nr.38 das „Glückszimmer“ des Hauses. Vor Jahren hatten Madonna und ihr damaliger Ehemann, gut versteckt und abgeschirmt, Weihnachten hier verbracht.

Nun, wer mich und mein ganz besonderes Verhältnis zu Madonna kennt, kann sich unschwer vorstellen, was das für mich bedeutete. Zugegeben, ich fühlte mich schon ganz schön gebauchpinselt und irgendwie geehrt, in dem Zimmer zu wohnen und in dem Bett zu schlafen, in dem schon Madonna gewohnt und geschlafen hatte. Der Schreibtisch, das Sofa, die Dusche, sogar das Klo, irgendwie hatte plötzlich alles im Zimmer etwas Besonderes, und überall sah ich Madonna

sitzen! Als ich mir dann allerdings nachts Madonna auch noch so zwischen Lucas und mir im Bett vorstellte, fand ich den Gedanken plötzlich gar nicht mehr so toll.
Da gehörte sie einfach nicht hin, und als ich dann anfing, mir vorzustellen, wie viele Menschen wohl schon vor mir in diesem Bett geschlafen hatten …
Na ja, solche Gedanken verbieten sich, wenn man gerne und viel reist.

Inder sind in vielerlei Hinsicht anders. Eine Eigenart, die mir besonders auffiel, war eine mir zuvor unbekannte Kopfbewegung, so eine Art mit dem Kopf gezeichnete Acht, die ich mit „na ja, das kommt darauf an" übersetzen würde. Dabei wackelt der Kopf in etwa so wie der des früher so beliebten Wackeldackels im Auto, nur eben zur Seite. Der meist sorgsam mit viel Pomade gestylte Scheitel des Kopfes bleibt dabei scheinbar bewegungslos, während der Kopf unterhalb dieses Scheitels nach unten zunehmend wackelt und das Kinn geradezu in Schwingungen versetzt wird.
Wenn wir uns zum Beispiel nach dem Weg erkundigten, folgte nach der gewünschten Auskunft und unserem anschließenden Dank wieder besagte Kopfbewegung, die uns wohl signalisieren sollte, dass etwas mehr als nur ein verbales Dankeschön durchaus willkommen wäre. Man möchte wohl eine Erwartung ausdrücken, ohne sie auszusprechen. Ich sage Euch, es muss jahrelanges Training erfordern,

diese Kopfbewegung überhaupt hinzubekommen.
Eine weitere Besonderheit Indiens hatte ich mir ehrlich gesagt auch irgendwie anders vorgestellt: Die heilige Kuh. Offen gestanden möchte ich in Indien nicht heilig sein. Schon gar nicht als Kuh! Ich meine, diese arme, ob heilige oder nicht, Kuh ist ein Wiederkäuer, spezialisiert auf Gras.
Nur von Gras fehlt hier jede Spur. Hauptnahrungsmittel der heiligen Kühe Indiens ist Papier und darum konkurrieren sie mit Eseln, Hunden, Ziegen und noch so einigen anderen Lebewesen der Straße.

Wirft irgendjemand eine Zeitung weg, beginnt das Wettrennen zum Leckerli. Zeitung fressende Kühe gehören zum Straßenbild Indiens und obwohl man nicht unbedingt Zeitung lesen muss, um heilig zu sein, und die meisten Heiligen nicht

für ihr Zeitunglesen bekannt sind, ist die Kuh die einzige Zeitung fressende Heilige, die ich kenne. (Falls Ihr jetzt gerade verzweifelt, ich musste diesen Satz auch mehrmals lesen und habe ihn immer noch nicht verstanden.)

Die Kuh unten im Bild ist gerade mit kräftigen Watschen auf den Kopf aus einem Eimer mit süßer Konditorsoße vertrieben worden. Die Kuh wirkte für indische Verhältnisse recht wohl genährt. Vermutlich gehörte sie zu den Indern, die das Prinzip des Nehmens verstanden haben. Der Rest der Soße im Eimer wurde übrigens nicht weggeschüttet, es wurde nicht einmal versucht, den Umstand zu vertuschen, dass gerade ein Kuhmaul die Soße - nun, sagen wir mal - verunreinigt hatte. Die Soße wurde lediglich einmal umgerührt und weiterverarbeitet, so als ob nichts gewesen wäre.

Der Lausbub weiter oben im Bild wollte für sein Posieren vor dem Papier fressenden Esel natürlich auch einen Lohn, schließlich hatte er sich ja fotografieren lassen. Als Tourist in Indien sollte man schnell lernen, bettelnden Menschen ohne Aufmerksamkeitszuwendung zu vermitteln, dass ihr Bestreben fruchtlos bleiben wird.
Ich weiß, dass ich mich hier auf das Glatteis der politischen Korrektheit begebe und mir ist durchaus bewusst, dass manche Bettler absolut keine (andere) Chance im Leben (und dazu auch noch Hunger) haben.
Dennoch, erstens ist es äußerst schwierig, zwischen denen und der großen Schar von Berufsbettlern zu unterscheiden und zweitens kann man seinen Stadtbummel schlichtweg abbrechen, wenn man auch nur einem Bettler etwas gegeben hat. Das ist, als versuchte man auf dem Marcus Platz in Venedig nur eine einzelne Taube zu füttern.
Besonders schwierig wird es, wenn man nicht schnell genug eine angebotene Leistung abgewehrt hat. Dann kommt man um einen Obolus nicht mehr herum.
Der Schuljunge, der mit Ranzen auf dem Rücken um Schulgeld bittet, der alte Herr mit den Flöten, der -natürlich ungefragt- nur für uns spielt und den man auch nicht wieder los wird, oder das junge Mädchen, das an der Hand ihres Vaters von Tourist zu Tourist geführt wird, um in „traditioneller Tracht" für diese zu tanzen. Der Ideenreichtum ist beeindruckend!

Auch das Nachverhandeln ist so eine schwierige Sache. Nur selten, unabhängig von der Höhe, scheint der gegebene Betrag in den Augen des Beschenkten angemessen. Hat man erst einmal etwas gegeben, so wird einem sofort mehr oder weniger direkt vermittelt, dass das wohl viel zu wenig sei.
Wenn dann so ein kleiner Fratz anfängt, von seinem ärmlichen Leben zu erzählen, fiel es mir schon schwer, hart zu bleiben und die mögliche Strategie dahinter zu erkennen: Es ist immer zu wenig.
Nun gut. Jetzt wieder etwas Lustiges. Besser gesagt, etwas für den Leser Lustiges. Das Indien keine oder allenfalls eine stark unterdimensionierte Müllabfuhr hat, habe ich ja schon angedeutet. Es sieht häufig so aus wie an dem Dorfbadeteich unten im Bild.

Die Plastiktüten sind alle mehrmals von Kühen, Hunden und anderen ausgeleckt worden, und die Etiketten der Plastikfaschen wurden bereits, wie zuvor beschrieben, höchstheilig verspeist. Man könnte also sagen, dass der verbliebene Plastikmüll nicht nur kalorienarm, sondern kalorienfrei ist. Insofern hält sich der Gestank des Mülls auch in Grenzen, da selbst für Bakterien nichts Verlockendes mehr übrig geblieben ist.

Am vorletzten Tag unserer Indien-Reise entschlossen wir uns notgedrungen, unserem Hotel einige Kleidungsstücke zur Wäsche anzuvertrauen und konnten dann vom Hotelfenster aus beobachten, wie nur kurze Zeit später ein Inder begann, eine Jeans, die verdammt nach meiner soeben abgegebenen aussah, im See zu waschen. Interessant zu beobachten, wie man um eine gute Hose ärmer wird. Sie wurde gründlich geschrubbt und gespült und dann Ewigkeiten mit einem Holzschlägel ausgeschlagen, immer und immer wieder. Ich schätze, das Ganze dauerte mindestens zwanzig Minuten. Ich traute meinen Augen nicht, und mein Verhältnis zu dieser Jeans bleibt gestört.

Trotz vieler Kühe in den Straßen, sieht man kaum Kuhfladen. Diese werden aufgesammelt und getrocknet (siehe Foto unten) und dann zum Heizen, zum Kochen in der Küche oder beim Häuserbau verwendet.
In Rajasthan wird regelmäßig der Strom abgestellt. Jeden Morgen von 8:00 bis 10:00 Uhr gibt es auch in einfacheren Hotels ohne eigenen Generator keinen Strom, sodass es ratsam ist, vorher geduscht zu haben. Während dieser Zeit sitzt man dann in der Regel beim Frühstück. Spiegeleier gibt es immer. Erst Tage später fragten wir uns, wie man unsere Spiegeleier wohl ohne Strom zubereitet hat?
Wir nehmen mal an, mit teurem Brennholz und nicht mit billigen Kuhfladen.

Irgendwie mussten wir auch wieder an eine amerikanische Touristin denken, die uns am ersten Tag in Rajasthan am Frühstücksbüffet gewarnt hatte, in Indien bloß kein Hühnerfleisch zu essen und natürlich auch keine Eier. „Überlegt mal, was die hier so alles an Dreck am Straßenrand fressen, esst und trinkt außerdem auch keine Milch, keinen Käse, kein Rind- oder Ziegenfleisch … !“
Irgendwann haben wir dann gar nicht mehr hingehört, und so genau wollten wir das gar nicht wissen.
Amerikaner haben es doppelt schwer in Indien. Da Moslems kein Schwein und Hindus kein Rind essen, war Indien lange Zeit „McDonald-freie-Zone‘. Jetzt haben sie aber doch mit einem speziell auf den indischen Markt zugeschnittenen Angebot den indischen Markt in Angriff genommen. Die Lösung heißt

„Kartoffelburger", hier McAloo Tikki-Burger genannt. Schade, hätte ich gerne mal probiert.

Meine beste Indiengeschichte kommt aber erst noch. Wenn ich es nicht mit eigenen Augen gesehen und mit eigener Nase gerochen hätte, hätte ich das im heutigen Indien nicht mehr für möglich gehalten.
Ein Tempel (Deshnoke Karni Mata, südlich v. Bikaner) für geschätzte 20.000 Ratten!

Dieser Tempel wurde vor ca. 600 Jahren erbaut und soll zunächst Dichter und Philosophen beherbergt haben. Andere Quellen behaupten gar, der Tempel wurde eigens für die Ratten errichtet! Die Gläubigen sehen in den Ratten wiedergeborene Verstorbene, einige sagen, es seien besagte Dichter und Philosophen, andere sagen, es seien eigene Angehörige.

Die Ratten werden von den Gläubigen gefüttert und gepflegt. Sie sind nicht scheu, und wenn sie den Besuchern über die Füße laufen, so soll das Glück bringen. Ich habe erfolgreich versucht, dieses Glück von mir fernzuhalten.
Wie in jedem Tempel müssen die Schuhe ausgezogen werden, aber für Touristen gibt es gegen Bezahlung Überziehsocken.

Für mich schwer zu ertragen war gar nicht primär der Kot und Gestank, sondern zu sehen, wie die Gläubigen das alles barfuß „erleben". Für den Besuch des Rattentempels ziehen sich viele Pilger besonders gut an. Dann knien sie vor den heiligen, in Stein gemeißelten Ratten wie anderswo vor Buddha Statuen, wobei Rattenkot und -urin absolut kein Hindernis darzustellen scheinen. Zu Hause haben viele von ihnen kein fließendes Wasser.

Dieser Tempel ist ohne Zweifel touristischer Hardcore auf der Suche nach Besonderem!

Hier beende ich den Bericht aus Indien, obwohl es noch unendlich viel zu berichten gäbe. Das meiste kann in Reiseführern nachgelesen werden, und da kann und will ich nicht konkurrieren. Auch wenn Indien in meinem Bericht schlecht weg zu kommen scheint, kann ich fast jedem zu einer Indienrundreise, wie wir sie gemacht haben raten. Es ist in vielerlei Hinsicht ein einmaliges Erlebnis.
Den Film „Slumdog Millionaire" haben wir im Nachhinein übrigens als hervorragende Vorbereitung auf unsere Reise empfunden! Wir werden wiederkommen.

16. Achterbahn der Gefühle

Die Zeit vor dem Abflug war echt schön! Freunde und Verwandte wurden eingeladen oder luden uns ein. Selten hatten wir so viele schöne Abende in so kurzer Zeit.
Dieses Gefühl, das sich in mir aufbaute, war eindeutig Vorfreude und begann vielleicht schon, als wir damals in Berlin beschlossen, auf Weltreise zu gehen. Es spitzte sich in diesen Tagen zu und wirkte ansteckend.
Der folgende Vergleich hinkt zwar, aber ich versuche ihn trotzdem: Diese Vorfreude ähnelte der der Weihnachtszeit in meiner Kindheit, als ich voller Neugierde, Ungeduld und Spannung war, so dass daraus ein eigenständiges Glücksgefühl entstand. Ich freute mich einfach nur auf Weihnachten, und es entwickelte sich diese eine bestimmte Stimmung der Erwartung.
So eine Stimmung der Vorfreude hatten wir jetzt auch, und diese übertrug sich auf unsere Mitmenschen, die uns dann wenige Stunden später eine schöne Reise wünschten.
Über die ganzen Jahre der gedanklichen Vorbereitung der Weltreise hatte sich dieses Vorfreudegefühl, diese Spannung, diese Neugier aufgebaut und wurde doch immer wieder unterbrochen von Zweifeln und Ängsten.
Hoffentlich hatten wir alles bedacht, damit diese Reise auch ein voller Erfolg werden würde und alles berücksichtigt, um in möglichst allen Situationen vorbereitet zu sein. Diese Überlegungen erreichten zu meinem Erstaunen

ihren Höhepunkt an diesen Abenden des Abschieds, an denen wir unsere kommende Weltreise feierten.
Allein schon für das jetzt schon so lange anhaltende Vorfreudegefühl hätte sich die Weltreise gelohnt und das, obwohl wir noch gar nicht abgefahren waren.
Das reale Gefühl, vor einer Weltreise zu stehen, ist der Unterschied zum Traum, oder anders, wenn man weiß, dass es kein Weihnachtsfest gibt, baut sich vorher auch keine Vorfreude auf.
Am Tag vor unserer Abreise waren wir noch einmal bei meiner Mutter, die meine vierundneunzigjährige demente Omi pflegte. Omi erkannte mich an diesem Tag und mich übermannte ein Gefühl, mit dem ich nicht gerechnet hatte. Warum heute? Spürte sie etwa, dass ich für sehr lange Zeit wegfuhr? „Du bist mein Bester!“, sagte sie und streichelte mir über die Wangen, während sie mir tief in die Augen schaute und lächelte.
Ich wusste, dass Omi dies auch zu meinem Bruder sagte, und Mutti und meine Schwester waren auch ihre Besten. Jetzt erwischte es mich auf dem falschen Fuß.
Ich hatte Schwierigkeiten, meine Gefühle zu kontrollieren und schwor mir: Wenn ich in sechs Monaten wieder hier bin, nehme ich mir eine Woche Zeit für meine Mutter und meine Oma.
Wir hatten zwar eine Versicherung, die die Kosten für den Heimflug für den Fall übernimmt, dass engen Familienangehörigen etwas zustößt, aber das half mir jetzt auch nicht. Wir

verabschiedeten uns mit einem merkwürdigen Gefühl im Bauch. Omis trübe kleine Augen schauten mich zum Abschied noch einmal richtig tief an und sie sagte: „Komm bald wieder!“ Auch meine Mutter war stark gerührt und drohte feuchte Augen zu bekommen. „Mutti! Wir werden nicht sterben!“ rutschte mir raus. Wir lächelten alle und es wurde Zeit, zu gehen.

Totale Achterbahn der Gefühle!

XVI. Oman, Dubai, Istanbul

“Öl und Red Bull”

Wir flogen von Indien nach Dubai und waren über das Angebot an günstigen Flügen erstaunt. Später, in der Maschine der Emirates, wunderten wir uns über die außergewöhnlich enge Bestuhlung und die große Anzahl indischer Fluggäste an Bord. Ich hatte eher mit zahlungskräftigeren Arabern gerechnet. Um es vorwegzunehmen, die Maschinen von Indien in die Vereinigten Arabischen Emirate (VAE) befördern riesige Massen an indischen Gastarbeitern, ohne die die Wirtschaft der VAE zusammenbrechen würde.

Ich hatte keine großen Erwartungen an Dubai und unseren Aufenthalt dort eigentlich nur als Zwischenstopp auf den Weg in den Oman gesehen. Ich musste mich aber korrigieren, es

war schon spannend zu sehen, was hier passiert.
Drei Tage lang besichtigten wir das prunkvollste Hotel, das höchste Gebäude, die größte voll klimatisierte Kunsteislaufhalle, ein gigantisches Aquarium inmitten eines Einkaufszentrums von der Größe einer Kleinstadt und waren aufs Äußerste beeindruckt.
Wirklich, absolut sehenswert!
Nur eine besondere Story, etwas typisch „dubaiisches“ wollte mir nicht so recht einfallen.
Positiv überrascht haben mich „kinderwagenschiebende Scheichs“!
Auf dem Weg durch die VAE in Richtung Oman kamen wir zunächst in einen typischen Sandsturm und erhielten eine kleine Vorstellung davon, wie unwirtlich das Wetter hier sein kann, und wie es in Dubai noch vor wenigen Jahrzehnten ausgesehen haben muss!
Später passierten wir einen kleinen Ort und entdeckten ein Hinweisschild „Coffeeshop“ am Straßenrand. Ich begann sofort, an arabischen Mocca zu denken, aber schon das äußere Erscheinungsbild dieses drive-through à la Arabia entpuppte sich als Enttäuschung. Es war ein eher liebloser, viereckiger Bau mit Wellblechdach und davor stand ein Tisch und Plastikstühle.

Drei Bedienstete, ein Inder, ein Pakistani und ein Bangladeschi, wie sie uns sagten, wunderten und freuten sich über unseren Besuch. Kaffee, geschweige denn Mocca gab es nicht, und ein verstaubtes Glas Nescafé versprach auch keinen kulinarischen Genuss. Also bestellten wir etwas Gängiges: Indischen Tee und Teigtaschen. Wir erzählten, dass wir gerade einige Wochen in Indien verbracht hatten und die „Kellner“ berichteten uns - ohne zu klagen- über ihr Leben am Rande der Wüste.
Unterbrochen wurde unser Gespräch immer dann, wenn meist junge, natürlich männliche arabische Kunden mit ihren Geländewagen vorfuhren und durch forsches Bremsen unmittelbar vor dem Shop erhebliche Staubwolken aufstiegen ließen.

Nachdem sich der Staub etwas gelegt hatte, öffneten sich die oft abgedunkelten Fenster und aus dem Fahrzeuginneren war laute Musik zu vernehmen. Fast alle Fahrer trugen Sonnenbrillen, und viele von ihnen telefonierten angeregt, während die Mitarbeiter in Windeseile die Bestellungen zusammentrugen und in das Innere der Fahrzeuge beförderten. Ein über Bestellung und Bezahlung hinausgehender persönlichen Austausch fand nicht statt. Das ist wohl zwischen Arabern und Gastarbeitern auch nicht üblich.
Mein Opa hätte sich vielleicht bei dem einen oder anderen „Kunden" zu dem Wort „Rotzlöffel" hinreißen lassen. Ich fand die ganze Szenerie hier spannend anders und wir bestellten noch einmal nach, um noch etwas mehr mitzubekommen.
Nach einigen unfreiwilligen Umwegen, ohne Navi und mit arabischen Wegweisern, erreichten wir dann den Oman. Die Landschaft wurde bergiger und bot so eine ganz andere, eine zunehmend faszinierende Kulisse.
Unser erstes Ziel im Oman war Nizwa, die alte Hauptstadt des Landes. Super schön anzuschauen! Wir hatten das Glück, dass am nächsten Morgen Ziegenmarkt war. Bauern führen ihre Ziegen in einer Art Zirkusbahn im Kreis herum und preisen die Vorzüge der Tiere an. Der potentielle Käufer tastet die Genitalien der Ziege ab, schaut ihr ins Maul und beginnt zu verhandeln.

Dieser Markt wird so praktisch unverändert schon seit Jahrhunderten durchgeführt.
Lediglich Sklaven werden heute nicht mehr gehandelt. Der Sklavenhandel wurde hier übrigens erst 1970 verboten!!!
Das geschah erst, nachdem der heutige Sultan gegen seinen rückständigen Vater geputscht hatte.
Wir standen hier auf dem Markt und spürten förmlich die Geschichte. Der Markt, die Menschen und die alten Gebäude der intakten Stadt, lassen das Gefühl aufkommen, in eine andere Zeit abzutauchen. Mir fiel auf, dass die Gesichter der Menschen hier sehr reinrassig wirken. Später erfuhr ich, dass man im Oman, im Gegensatz zum amerikanischen Raum, fast alle Sklaven kastriert hat, um eine Durchmischung zu verhindern.

Bei dem Gedanken schauerte es mich. Plötzlich wurde mir bewusst, dass auch hier grausame Geschichte geschrieben wurde, und auch hier absolut nichts an die Opfer erinnert.

Nun zurück in den Oman von heute. Direkt um die Ecke vom Ziegenmarkt, auf dem auch andere Tiere gehandelt werden, und gleich neben Fisch und Gemüse wartet der Waffenmarkt. Hier ist es völlig legitim, mit Waffen und Munition zu handeln, was ich so noch nie zuvor erlebt hatte und mich in Erstaunen versetzte.
Es ist schon merkwürdig, wie sich der Gesichtsausdruck und die Körperhaltung verändern, wenn „der Mann" ein Gewehr in die Hand nimmt.
Nach Abstechern in das Gebirge und zu verlassenen Siedlungen war dann Sur unsere nächste Station. In dieser früher bedeutenden Hafenstadt soll Sindbad der Seefahrer gelebt haben, und irgendwie konnte ich mir gut vorstellen, dass auch Aladin mit seiner Wunderlampe und Jeannie in the Bottle hier beheimatet waren. Irgendwie mussten wir an diesem Ort auch wieder an unsere Reise nach Sansibar vor vierzehn Jahren denken. Sansibar gehörte lange Zeit zum Sultanat Oman.
Bedingt durch die lange selbsterzwungene Isolation des Landes und dem damit verbundenen Dornröschenschlaf, wirkte die Zeit auch hier wie stehengeblieben. Selbst die alten

Bootswerften bauen heute noch die traditionellen Dhaus.
Der Oman und Brunei sind die einzigen verbliebenen Sultanate auf Erden. Dank seiner Ölvorkommen ist der Oman ein reiches Land, was aber nicht so augenscheinlich ist wie in Dubai.
Der mit über 70 Jahren immer noch kinderlose Sultan gilt als klug und weise und wird im Land verehrt. Lediglich die Gründe für sein Singledasein und den fehlenden Nachwuchs gelten als absolutes Tabuthema.
Seit der Entmachtung seines Vaters hat er das Land behutsam aber konsequent modernisiert.
Im Gegensatz zu den Vereinigten Arabischen Emiraten werden alle Tätigkeiten des öffentlichen Lebens auch von Omanis ausgeübt, sodass es kaum eine arbeitsmarkttechnische Abhängigkeit von Gastarbeitern gibt. Gesundheits- und Bildungsleistungen werden für Frauen und Männer fast kostenlos angeboten. Wenn auch noch selten, so findet man in fast allen Berufen Frauen. Damit ist der Oman deutlich fortschrittlicher als alle anderen Länder der arabischen Halbinsel.
In der Hauptstadt Muskat wurden wir Zeugen eines Starkregens, der die Innenstadt innerhalb weniger Minuten unter Wasser setzte. Ein tolles Naturschauspiel.
Nach Muskat wollten wir der Küste folgend und nach erneutem Durchqueren eines Küstenabschnittes der zu den Vereinigten Arabischen Emiraten gehört, unsere Reise in die

omanische Enklave der Musandam-Halbinsel fortsetzen.
Reiseführer, Karte und selbst ein Grenzbeamter hatten uns bestätigt, dass die Fahrt nach Khasab auf dieser Route zwar mühsam aber möglich sei. Entlang dieser Strecke sollte die Fahrt zwar viel länger dauern als über die gut ausgebaute Alternativstrecke, aber dafür auch um ein Vielfaches beeindruckender sein.

Ähnlich der Region um Nizwa, aber von Tourismus völlig unbeleckt, erlebten wir grandiose Felsformationen und Wadis (durch Flüsse entstandene Bergtäler in eindrucksvoller Bergkulisse). Die Fahrt wurde immer rauer und die Landschaft immer unwirtlicher, aber immerhin hatten wir laut Tacho schon über die Hälfte der Strecke zurückgelegt. Nach etwa drei

Stunden auf einer Strecke, die teilweise kaum als solche zu erkennen war, erreichten wir einen Armeestützpunkt.
Hier wurde uns freundlich, aber bestimmt mitgeteilt, dass eine Weiterfahrt für Ausländer nicht mehr möglich sei. Nach einer Freigabe der Strecke vor einigen Jahren wurde diese irgendwann wieder rückgängig gemacht, was sich aber offensichtlich noch nicht herumgesprochen hatte.
Kein Land der Welt steckt, prozentual am BIP gemessen, mehr Geld in die Landesverteidigung als der Oman. Hier auf Musandam liegt die iranische Festlandküste nur knapp 50 km entfernt und dazwischen liegen noch mehrere Inseln, die bis heute als Schmugglerhochburgen genutzt werden. Der Golf von Hormus ist strategisch und wirtschaftlich ein Nadelöhr, durch das viel Öl transportiert wird. Diskutieren zwecklos! Also drehten wir um und fuhren die ganze schöne Strecke wieder zurück. Erst im Dunkeln erreichten wir unser Hotel in Khasab, was aber mit einer einmaligen Lage entschädigte.
Landschaftlich ist diese Gegend ein Traum! Die hohen kargen Berge, das ruhige Meer (Golf von Oman / Straße von Hormus) und eine unglaubliche Stille sind einmalig.
Am Folgetag hatten wir eine Bootstour auf einer traditionellen Dhau gebucht. Es drohte also wieder einmal, etwas touristisch zu werden.
Wir waren die einzigen deutschen Touries an Bord, mit Ausnahme der Reiseleiterin, einer

Aussteigerin im wahrsten Sinne des Wortes, die seit Jahrzehnten in Griechenland lebt, aber jedes Jahr für mehrere Monate als Reisebegleiterin in den Oman kommt. Es war schon interessant, ihren Erzählungen aus dem omanischen Nähkästchen zu lauschen.
So erzählte sie zum Beispiel, dass der eine, im Gegensatz zu seinem Kollegen sehr westlich wirkende Bootsjunge, sich erstmalig in der Familiengeschichte geweigert hatte, seine Cousine zu heiraten, die seine Eltern für ihn ausgewählt hatten.
Oder, dass ihre omanische Kollegin laut losgelacht hätte, als die Deutsche ihr zum Zwecke des Abnehmens empfahl, mit dem Fahrrad zur Arbeit zu fahren. So abwegig ist hier die Vorstellung, als Frau mit dem Fahrrad zu fahren!
Das Lieblingsthema unserer Insiderin war aber die Bigotterie der Araber. Was bei Tage gesagt wird, muss bei Nacht noch lange nicht gelten. So lässt man sich zum Beispiel beim im Islam verbotenem Alkoholkonsum nur allzu gerne hinter das Licht führen, indem man sich vom Barmann mit Alkohol vermischte Cola- oder Red Bull-Dosen servieren lässt. Unsere Reiseleiterin behauptete, dass hier praktisch alle Männer diese Spielchen mitmachen, na ja, ist wohl überall das Gleiche, das mit dem Wasser und dem Wein. Zweimal gingen wir an diesem Tag vom Boot aus im Meer schwimmen. Das Wasser war so salzig, dass es auf der Haut brannte. Mit Brot und Bananen lockten wir Fische an und

waren so von Fischschwärmen umgeben. Über lange Strecken wurde unser Schiff von Delphinen begleitet. Romantik pur! Als wir abends wieder den kleinen Hafen erreichten, sahen wir die Schmugglerboote in Richtung Iran auslaufen. Sie tauschen Zigaretten gegen Ziegen und noch so manches mehr. Wir hätten gerne noch etwas mehr Zeit in Musandam verbracht, aber aufgrund der sehr hohen Übernachtungskosten hatten wir uns entschlossen, die letzte Nacht vor unserem Weiterflug ab Dubai auf Territorium der Vereinigten Arabische Emirate zu verbringen. Unser Hotel liegt in Ras Al-Khaimah, einer ziemlich hässlichen Stadt im gleichnamigen Emirat, circa zwanzig km vor den Toren Dubais.

Abends in der Hotelbar nutzen wir unsere Begrüßungsgetränkegutscheine und spielten eine Runde Billard. Eine brasilianische Combo musizierte und tanzte halbnackt, wie es sich für richtige Brasilianer gehört. Die westlichen Touristen wirkten nicht sonderlich amüsiert, aber ein Gast stach ins Auge.
Er war Araber, geschätzte 70 Jahre alt, hager und schon ein bisschen eingefallen. Er trug die typische Landestracht, ein bodenlanges graues Gewand (Dischdascha) und auf dem Kopf ein mittels Igal fixiertes, weit über die Schulter bis tief in den Rücken reichendes Tuch.
Eine vermutlich sündhaft teure Uhr schmückte sein Handgelenk.

Fast regungslos beobachtete er das Geschehen und nahm ab und zu mit gespreizten Fingern einen Schluck aus einer Red Bull Dose, die vor ihm auf dem Tresen stand. Einmal erhob er sich und verhandelte mit dem Barkeeper. Es war mir eigentlich völlig egal, ob er nun Alkohol in seiner Red Bull Dose hatte, und ob er nun die brasilianischen Mädchen oder Jungen beobachtete. Ich fragte mich nur, wer hier eigentlich fehl am Platze war. Dieser Araber oder wir mit dem ganzen Hilton, Cocktails und tanzenden Brasilianern? Wie wird es weitergehen mit dieser arabischen Gesellschaft, die es schon heute nicht mehr schafft, viele ihrer alten Werte und Traditionen glaubwürdig zu vertreten?

Was passiert, wenn auch hier jeder unsere westliche Welt über das Internet und Smartphone herbeizoomen kann?

Wird der ältere Herr an der Bar seine Red Bull dann aus einem Glas und vielleicht sogar mit seinen Freunden in einem arabischen Zelt trinken können?

Und der Bootsjunge? Wird er seine Frau frei wählen dürfen, die dann mit dem Fahrrad zur Arbeit fährt?

Und der Sultan im Oman?

Wird es weiter einen friedlichen, langsamen aber kontinuierlichen Wandel geben, der insbesondere die Rechte von Frauen und Minderheiten stärkt, wie wir ihn im Oman und in Dubai ansatzweise durchaus schon beobachten

konnten, oder kommt es zu einer Radikalisierung?
Der 11. September, Afghanistan und Al Kaida kamen mir in den Sinn.
Was kann alles passieren, sollte man versuchen, den Wertewandel auch hier durch Abschottung zu begegnen? Geht Abschottung überhaupt noch in Ländern wie den VAE mit einem Gastarbeiteranteil von über 80% an der Gesamtbevölkerung?
Zuprosten konnte ich dem älteren Herrn hier und heute nicht, das wäre ein Affront gewesen. Der arabischen Gesellschaft aber wünsche ich Weitsicht, Weisheit und Mut!

Letzte Station, und irgendwie auch bezeichnend für den Abschluss unsere Asienreise, war Istanbul. Bekanntlich die einzige Stadt weltweit, die auf zwei Kontinenten liegt. Irgendwie fühlten wir uns plötzlich wieder in Europa. Nein, wirklich, nach fünf Monaten in Asien empfanden wir hier schon so eine Art Heimatgefühl. Die Menschen tragen mehrheitlich schwarze Jacken und blaue Hosen, ganz wie in München.

Plötzlich gibt es wieder Cappuccino in hübschen Straßencafes. Und dann war es auch noch herbstlich kalt und regnerisch, was ich erstmalig in meinem Leben fast genoss! Lustig fand ich, dass Lucas und ich ständig wie selbstverständlich auf Türkisch angesprochen wurden, was uns jedes Mal amüsierte.

Zwei Tage hatten wir Zeit, uns die wichtigsten Sehenswürdigkeiten anzuschauen und einen ersten Eindruck von dieser faszinierenden Stadt zu bekommen. Prunk und Herrlichkeit der Sultane schließen sich hier nahtlos an die der Maharadschas in Rajasthan an und können diese vielfach sogar noch überbieten.

17. Hohe Erwartungen

Die Koffer waren aufgegeben, wir hatten bereits die Sicherheitskontrolle hinter uns, tranken Kaffee und warteten auf unseren Abflug, als mir eine Frage in den Kopf schoss, die ich in den letzten Wochen häufig gehört hatte: Werde ich / werden wir Heimweh haben? Bisher hatten wir für diese Frage nur ein müdes Lächeln übrig, aber vielleicht war das etwas, was wir nicht berücksichtigt hatten?
Als Schulkind war ich für vier Wochen auf Kur und gefühlt weit weg von zu Hause. Ich wusste, dass ich in dieser Zeit keinen Besuch bekommen würde. Meine Umwelt versuchte, mich schon prophylaktisch zu trösten und mich auf das bald aufkommende Heimweh vorzubereiten. Ich hatte keine Ahnung, wovon sie sprachen und war gespannt, wie das wohl so wäre, so mit Heimweh. Viele Kinder in meiner Gruppe bekamen Heimweh, einige wurden auch von ihren Eltern nach Hause geholt, bei mir tat sich nichts. Ich war froh, dort zu sein, wo die Menschen so komisch sprachen, und es so viel Neues zu sehen gab. Ich wollte mir merken, was ich so erlebte, damit ich zu Hause alles erzählen könnte. Heimweh hatte ich nicht. Im Gegenteil, ich war traurig, dass die Zeit so schnell vorbei ging.
Das ist eine Beobachtung, die ich immer wieder in meiner Umgebung mache. Kaum haben „die Leute“ drei Wochen Urlaub, sind sie in der

letzten Woche mit ihren Gedanken schon wieder zu Hause. Ich glaube, viele Menschen freuen sich mehr auf die Rückkehr, als auf die Urlaubreise.
Wir konnten das nie verstehen. Ich glaubte nicht, dass wir Heimweh bekommen würden. Wir freuten uns auf die Weltreise und waren voller Erwartung darauf.
Als wir abflogen hatte ich kurz einen besonderen Moment, der mir sagte:
Jetzt geht`s los! Ab jetzt ist Weltreise!
Der Gedanke verflog auch gleich wieder. Ich versuchte, von meiner hohen Erwartungshaltung etwas herunterzukommen, aber das war gar nicht so einfach! All die Jahre wusste ich, dass die Weltreise schön werden würde, und jetzt saß ich im Flieger nach New York, dachte an die begonnene Weltreise, und dass ich mich jetzt freuen sollte, oder doch lieber nicht?
Ich freute mich zwar, aber ich kannte die Stadt schon. Wir beide lieben sie, und sie stand auf unserer Wunschliste ganz oben. Wir machten tolle Sachen hier und hatten endlich mehr Zeit, aber es stellte sich auch nach Tagen kein Weltreisegefühl ein. Freude und Glück ja, Weltreisekick nein!
Dieses Gefühl des fehlenden Weltreisekicks hielt für die ersten Wochen an, auch in Vancouver und eigentlich auch auf der Schiffsreise nach Japan war das so. Es war schön, für alles viel mehr Zeit zu haben als früher, aber es passierte auch nichts Unerwartetes. Nach all den Anstrengungen und Vorfreuden war da in mir

nichts, was ich nicht schon kannte. Ich konnte mir das nur so erklären, dass ich eine viel zu hohe Erwartungshaltung aufgebaut hatte. Um das ganz klar zu sagen, es war eine superschöne Zeit, nur die erwartete Euphorie kam nicht.
Auf der Fahrt nach Japan, als wir zwei Wochen lang, mehr oder weniger abgeschieden Zeit hatten, Pläne zu machen, wie wir die nächsten Monate in Asien verbringen würden, kam erneut so etwas wie Vorfreude auf. Das Lesen von unzähligen Reiseführern, durch die Reisebibliothek auf dem Schiff zusätzlich befeuert, brachte wieder dieses schöne Gefühl der Erwartung von etwas Neuem.
Das Feeling, wirklich auf einer Weltreise zu sein, kam erst in Japan. Wir waren nicht mehr in unserer westlichen Welt, mit unseren Croissants und Cappuccini. Selbst zum Tee gab es selten Zucker, und nachts haben wir nicht in westlichen Betten geschlafen, sondern auf Futons, welche auf Tatamis liegen.
Erst als wir „unsere alte Welt" verließen und in die „neue" eintauchten, waren wir in einer anderen, unbekannten Welt angekommen. Erst hier begann meine / unsere Weltreise voller Neugier, Spannung und mit all den Fragezeichen.

XVII. Zuhause

„Ungeduld und keine Erleuchtung“

In Istanbul, also an der Nahtstelle zwischen Asien und Europa, Morgenland und Abendland, fingen wir an, uns auf Familien und Freunde zu freuen. Vier Tage noch, und dann waren wir wieder zu Hause.
Es war relativ kühl in Istanbul im Februar, das Straßenbild westlich und vertraut.
Es war nicht zu leugnen, wir waren deutlich nahe an Europa.
Plötzlich kam Vorfreude auf Zuhause auf, und die war plötzlich ziemlich groß. Ich weiß, es klingt komisch, die ganze Zeit freute ich mich darauf und darüber, um die Welt zu reisen, und jetzt wollte ich so schnell wie möglich zu Hause ankommen.
Wir genossen die Tage in Istanbul, an denen wir tagsüber historische Plätze mit eindeutiger Zugehörigkeit zu Kleinasien und abends die westliche Metropole erkundeten, die mehr Einwohner hat als Moskau, London oder Paris. Unsere Reise durch das fremde Asien ging hier zu Ende und zusammen mit der Ungeduld, bald bei Freunden und Familien zu sein, auch das Gefühl der Reise durch eine andere Welt.
Den genauen Tag unserer Ankunft in München hatten wir geheim gehalten, und so waren einige überrascht über unseren Anruf einen Tag später. Drei Wochen waren für Deutschland eingeplant, bevor es weiterging nach Hawaii. Zu

wenig, für alle Freunde und die Steuererklärung, die wir abgeben mussten. Eine Woche war ich bei Mutti und Omi, ich habe sie genossen.
Unser Briefkasten war nicht mehr unser. Da wir die Post für die Dauer der Reise umgeleitet hatten, und wir damit unseren Briefkasten scheinbar nicht mehr brauchten, hat der Hausmeister das Briefkastenschloss ausgetauscht, und unseren Briefkasten an einen Mitbewohner weitergegeben, der wohl einen zweiten brauchte. Seine Begründung hierfür war mehr als lustig, und zunächst wollte er uns zuerst keinen und dann einen anderen Briefkasten an weniger exponierter Stelle zuteilen. Nach zwei kurzen Diskussionen hatten wir dann unseren alten Briefkasten wieder.
Auf der Reise habe ich unsere Erlebnisse und Empfindungen geschildert, was mir großen Spaß gemacht hat. Ich habe mich aber auch gefragt, wie ich wohl später Deutschland sehen würde, wenn ich zum ersten Mal wieder dorthin zurückkomme.
Nun erwischte ich mich dabei, in meinem Kopf einen Reisebericht über München zu konzipieren. Ich suchte nach Unterscheidungsmerkmalen, etwas Typischen und nach komische Momenten.
Wie könnte ich einem Ausländer mit Hilfe einiger Episoden München / Bayern / Deutschland näher bringen, und wäre ich in der Lage, es lebendig herüberzubringen? Ich hatte das natürlich nicht vor, aber es wäre schon eine Herausforderung gewesen. Als wir in München

ankamen, hatten wir blauen Himmel und es lag Schnee. Ich liebe München, im Sommer mehr als im Winter, aber jetzt nach der langen Reise durch das heiße Asien und durch den weißen Englischen Garten spazierend, bemerkte ich, was für ein schöner Ort auf Erden München ist.
Wir waren froh unsere Familien und Freunde wiederzutreffen, aber die Abende waren anders als ich sie mir vorgestellt hatte. Bewaffnet mit Fotos aus aller Welt, dazu passenden Geschichten und der Vorfreude alles zu erzählen, musste ich feststellen, dass Wiedersehens-Abende nicht mit Monologen über Reisen zusammenpassen.
Wir wollten hören, was es Neues in deren Leben gab. Natürlich war unsere Weltreise ein Thema, aber es wurden eher Schlussfolgerungen von uns erwartet als Berichte. Darauf waren wir aber nicht vorbereitet, es gab keine „Erleuchtung“, die wir hätten auftischen können, nur dass wir recht glücklich waren, aber das wussten sie ja schon aus unseren Berichten von unterwegs.
Es waren Abende mit Menschen, die uns nahestehen, die wir auf unserer Weltreise vermisst hatten und die wir vermissen werden, denn unsere Reise ging ja weiter.

Nach drei Wochen flogen wir mit einer Zwischenübernachtung in San Francisco nach Hawaii.
Auf den vier großen Inseln blieben wir jeweils eine Woche, und obwohl Hawaii einer der schönsten Orte auf dieser Welt ist, hatte

ich – warum auch immer - keine Lust, einen Reisebericht zu schreiben.
Den anschließenden Flug nach Tokio ließen wir verfallen und so war unsere nächste Station der Osten Kanadas.

18. Alltag Weltreise

Unsere Tage beginnen oft früh. Die schönsten Motive finden sich häufig bei Sonnenaufgang und auch unsere Emotionen für das Gesehene sind um diese Zeit stärker. Das Gleiche gilt für den Sonnenuntergang. Der Einbruch der Dunkelheit beendet dann in der Regel den eigentlichen „Alltag". Da wir uns im Winterhalbjahr auf der Nordhalbkugel befinden, ist der Tag kürzer als die Nacht.
Abends googeln wir nach Antworten auf Fragen, die am Tage nicht beantwortet werden konnten oder buchen weitere Unterkünfte. Die Nacht ist eh nicht unser Ding, und wir gehen viel früher ins Bett als zu Hause. Zwei bis dreimal die Woche legen wir halbe Faulenzertage ein und lassen uns etwas entgehen. Dann sitze ich und schreibe meine Reisemails oder organisiere das „desorganisierte" Gepäck neu.

Alltag und Weltreise sind zwei Worte, die scheinbar nicht zusammenpassen. Das Wort

Alltag klingt für mich nach Tretmühle, nach Trott, und genau das haben wir hier nicht.
Nach einiger Zeit auf Weltreise stellt man so etwas wie Alltag fest, aber einen, den man selbst bestimmt. Dieser Alltag kennt auch Stimmungslagen wie Melancholie oder Unlust.
Die Woche hat auch auf einer Weltreise Montage, Donnerstage und Sonntage.
Es gibt keinen Chef, den man für alles Mögliche verantwortlich machen kann. Es fehlt der sonst übliche „Feind". Alles, was man empfindet, kann man auf sich beziehen und sich so wunderbar selbst beobachten. Jetzt ist man bei sich selbst!

Und was mache ich? Ich lese deutsche Zeitungsartikel! Warum, weiß der Teufel! Ich bin deswegen regelmäßig sauer auf mich. Ich bin ja hier inmitten unserer Weltreise in eine andere Welt abgetaucht, weil ich für eine bestimmte Zeit vom Alltag unbeschwert, vielleicht naiv, sein wollte. Ich wusste ja, dass ich gerne Zeitung lese und wollte auch einmal erleben, dass mein Kopf nicht hinter einer Zeitung stecken muss, sondern ganz weit draußen im Outback.
Meine naive Vorstellung von einer Weltreise umfasste die Idee, eines Tages nach Hause zu kommen und nach der Landung am Flughafen festzustellen, dass wir einen neuen Bundeskanzler(in) haben! Das kann ich nicht. Ich habe das tiefe und nicht weiter analysierte Verlangen nach heimatlichen (Ich mag dieses Wort nicht.) Neuigkeiten. Lucas fragte mich, ob ich Heimweh hätte? Wie bitte!? Heimweh?! Ich

muss darüber nicht nachdenken, ich habe kein Heimweh. Nicht die Spur. Ich liebe und genieße unsere Weltreise.
Aber warum lese ich hier und jetzt Zeitung? Ich verdränge die Frage und damit auch die Suche nach der Antwort, ärgere mich weiter über mich und weiß, dass ich in ein paar Tagen wieder Zeitung lesen werde.

XVIII. Kanada

„Der alte Osten"

Wir mögen Kanada. Das Land ist uns sympathisch, die Menschen sind freundlich und hilfsbereit, und die Natur ist insbesondere im Sommer wunderschön. Nach Vancouver und British Columbia nun also der „alte" Osten, Loyalisten und „Franzosen".

Vom Osten des Landes - und insbesondere von Montreal - war uns viel vorgeschwärmt worden, aber vielleicht hatten wir uns etwas zu sehr gefreut, denn es begann erst einmal anders als erwartet. Als wir uns einen Tag vor unserer geplanten Anreise nach Montreal vorsorglich noch einmal nach Ort und Zeit der Wohnungsschlüsselübergabe erkundigten, erfuhren wir „so nebenbei", dass die ausgewählte Wohnung nun leider doch nicht verfügbar sei, da der Vormieter verlängert habe.

So mussten wir dann erst einmal wieder ins Hotel.
Nun gut, auch nicht so schlimm, obwohl wir vom Agenten schon ein „tut mir leid“ erwartet hätten.
Ich konnte nicht gerade behaupten, dass der Makler besonders zuvorkommend gewesen war, und wie schon bei unseren ersten Begegnungen kam er auch dieses Mal wieder zwanzig Minuten zu spät.
Unser Hotel, 4 Sterne und zugegebener Weise Anfang Mai im Sonderangebot, hatte einen recht eigenwilligen Balkon.

Den Sinn eines solchen Balkons, alle Balkone dieses Hotels sehen so aus und das wohl schon von Anfang an, also seit vielen, vielen Jahren, muss man mir wohl noch erklären.
Dass Kanadier eher etwas, sagen wir mal, burschikos sind und für solche Feinheiten nicht

so ganz das passende Auge haben, wussten wir schon vorher.
Nach dem Frühstück und bei herrlichem Wetter verbesserte sich unsere Laune aber recht schnell und nach nur einer guten Stunde war auch schon ein passender Ersatz für die verlustig gegangene Wohnung gefunden.
So konnten wir uns dann ganz unserer nächsten Herausforderung widmen, dem Erlernen der französischen Sprache.
Während Lucas immerhin auf mehrere Jahre Schulfranzösisch zurückgreifen kann, bin ich absoluter Anfänger und war entsprechend aufgeregt.
Wir hatten uns bei zwei verschiedenen Anbietern um einen Kursus bemüht. Während der Provinzgeförderte scheinbar in der auch in Kanada allgegenwärtigen Bürokratie hängen geblieben war, hatte ich die erste Doppelstunde an der McGill University bereits verpasst.
Im Gegensatz zu meinen Kommilitonen hatte ich also keinerlei Vorstellung, was mich dort erwarten würde.
Naiv, wie ich sein kann, hatte ich geglaubt, dass es hier eher locker zugehen und man die Dinge nicht so eng sehen würde, so wie beim Hotelbalkon auch, und ich die verpasste Stunde easy wieder aufholen könne. Pustekuchen!
Es ging mit hohem Tempo in die Vollen, und ich kam kaum mit. Sich selbst und seine Familie vorstellen, das ABC auf Französisch im Schnelldurchgang, diktierte Wörter schreiben und die Zahlen bis 100 waren das Thema der

zweiten Doppelstunde. Ich war schwer beeindruckt bis deprimiert. Meine Kommilitonen mussten wohl zwei Tage und Nächte durch gelernt haben, denn das war wirklich viel Stoff.

Besonders fasziniert war ich von den Zahlen: 80, z.B., heißt im französischen 4 x 20, 89 dementsprechend 4 x 20 + 9 und unser Lehrer machte sich einen Heidenspaß daraus, unsere Fremdsprachenaufnahmefähigkeit mit unseren Mathematikkünsten zu vereinen. Er schaute uns beim Diktieren der Aufgaben tief in die Augen: Vier mal zwanzig plus zehn plus neun minus sechzig und zehn und sieben ist gleich zwanzig und zwei. Also 99 - 77 = 22, aber ich glaube, dass ist dem Franzosen zu profan. Unser Lehrer grinste breit, während ich versuchte zu übersetzen, zu rechnen und vor allem nicht erkennbar zu lachen.
Ich war wohl sehr unvorbereitet in diese Doppelstunde gegangen. Aber den Lehrer fand ich klasse. Er war in gewisser Weise sehr kanadisch, und ich meine damit, dass Kanadier sich und andere unglaublich gut entertainen können. Er stand mitten in der Klasse und unterhielt uns beim Unterrichten so gut, dass man häufig einfach nur lachen musste.
In Deutschland würde man vielleicht sagen, dass er sich gerade zum Clown macht, hier nimmt er die ganze Klasse mit und bringt uns dabei sogar noch viel Stoff bei.
Abgesehen davon, dass Montreal zwar mit dem St. Lawrence River, oder politisch korrekt Fleuve

St-Laurent, zwar einen Fluss, aber kaum Wassergrundstücke hat, gefällt es uns gut. Außer in der historischen Altstadt und der Innenstadt ist die Bebauung recht weitläufig; zwei bis dreistöckige Häuser, viel Grün und an jeder dritten Ecke ein kleiner Park. Alles recht niedlich.

Anfangs war es hier noch so kalt, dass wir uns kaum für Montreal erwärmen konnten, aber ein paar Wochen später war alles grün, die Tage wurden länger, und wir hatten bereits unsere erste Hitzewelle mit bis zu 36°C.

Ich fing an, häufiger zu laufen und nahm wieder einmal 2 - 3 kg ab. Ich fühlte mich richtig wohl.

Nach vier Wochen in einer schönen Wohnung in der Innenstadt, sind wir dann in unsere „Sommerwohnung“ umgezogen, nur fünf Fahrradminuten von der Innenstadt entfernt und doch mitten im Grünen.

Eichhörnchen besuchten uns auf dem Balkon, und morgens weckte uns ein Hahn, was ich allerdings als ausgesprochene Ruhestörung empfand. Mücken waren hier bisher noch kein Thema.

Montreal verwandelt sich im Sommer in eine Festivalstadt. Mehrere große Straßen und Plätze in der Innenstadt werden für die Sommerzeit vollständig gesperrt und zu Fußgängerzonen umgebaut. Restaurants und Geschäfte erweitern ihre Verkaufsflächen auf die Straße, und es finden Freiluftkonzerte und ein großes internationales Freiluftkinofestival statt. Bemerkenswert ist, dass man auch spät abends in den Straßen keinerlei Aggressivität spürt. Alle sind freundlich, ausgelassen und friedlich. Multikulti scheint hier im Einwanderungsland Kanada sehr viel besser zu funktionieren als in Deutschland.

Allerdings definiert sich Kanada auch als Einwanderungsland, betreibt eine sehr konsequente Selektion und fordert den neuen Mitbewohnern viel mehr ab. Auch erleben wir immer wieder den freundlichen Umgang der Kanadier mit offensichtlich fremden Besuchern. Wenn Touristen mit einem Stadtplan umherstehen, dauert es meist nicht lange, bis jemand fragt, ob er vielleicht behilflich sein könne. Auf Parkplätzen wird dem Nachparker gerne auch einmal das noch nicht abgelaufene Parkticket weitergereicht.

Nur im Straßenverkehr herrschen komischerweise andere Sitten.

Überhaupt, der Straßenverkehr! In Kanada gibt es gelb blinkende Ampeln, deren Bedeutung noch vergleichsweise klar ist.

Daneben gibt es aber auch rot oder grün blinkende Ampeln, sowie rote Ampellichter mit einem weiß blinkenden Rand, deren Bedeutung uns bis heute nicht wirklich klar ist. Ob man bei Rot an einer Kreuzung rechts abbiegen darf oder nicht, ist Provinzrecht, aber auch innerhalb einer Provinz wird das unterschiedlich gehandhabt. In Québec zum Beispiel, zu der auch Montreal gehört, darf man grundsätzlich rechts abbiegen. Nicht aber so in Montreal und, wie wir hörten, auch in einigen weiteren Städten der Provinz nicht. Hallo, liebe Kanadier! Geht das auch einfacher?

Es gibt sehr gut ausgebaute Autobahnen, die teilweise über hunderte Kilometer wie mit dem Lineal gezogen wirken, und auf denen man teilweise sogar 110 km/h fahren darf. In Rom wird Tempo 100 km/h gefahren, nun gut, nicht legal, aber selbst in Moldawien darf man mit 120 km/h über die Schlaglöcher fahren, hier aber nicht, weiß der Fuchs, warum!
Wir nutzten also, wie wohl alle anderen auch, auf der Autobahn unseren Tempomat, den wir auf gewagte 118 km/h programmierten. Ab 120 km/h wird es teuer! Naheliegend ist, dass die programmierte Geschwindigkeit der vielen Tempomaten so um maximal 5 km/h schwankt, je nach Risikobereitschaft des Fahrers. So entstehen urkomische Situationen.
Auf unserer sechsstündigen Fahrt zu den Niagara-Fällen überholen wir in einem endlos wirkenden Procedere ein Auto mit nur einem km/h Unterschied, was mich sehr an die Elefantenrennen der LKWs auf deutschen Autobahnen erinnert, und mich dank meiner deutschen Prägung köstlich amüsiert. Man hat viel Zeit für andere Dinge.
Neben Essen, Trinken, Telefonieren und Ähnlichem ist es beliebt, seine Mitmenschen beim Autofahren zu beobachten. Erkenntnisse, die uns auf deutschen Autobahnen bisher verschlossen geblieben sind.

Irritierend ist auch, dass auf beiden Seiten überholt werden darf, und die linke Spur durchaus nicht dem Schnelleren vorbehalten bleibt. Also eigentlich alles klar.
Wir überholten von rechts und wurden gleichzeitig von links überholt. Wenn da nicht von Zeit zu Zeit eine Steigung wäre, und die Tempomaten dann recht unterschiedlich reagieren und einzelne Fahrzeuge für die Zeit des Bergauffahrens wieder unterschiedlich weit zurückfielen, nur um das Spielchen dann wieder von vorne zu beginnen.

Wir beschlossen Ende Juni, uns auf einer Autorundreise den Osten des Landes genauer anzusehen.
Unsere Reise führte uns zunächst über Québec City nordöstlich den St. Laurence River entlang und weiter in die atlantischen Provinzen New Brunswick (Neu Braunschweig), Prince Edward Island und Nova Scotia (Neu Schottland). Hier, und nicht etwa in Boston oder Neu Amsterdam (spätere NYC), begann die europäische Kolonialisierung des nordamerikanischen Kontinentes. Um das Resümee schon vorweg zu nehmen: Eine tolle Reise, durch wunderschöne, meist einsame Küstenlandschaften, die wir nur empfehlen können!
Wie gesagt, unsere Reise begann in der Provinz Québec und am Folgetag war der 1.Juli,
Nationalfeiertag in Kanada, und somit ein Tag, an dem stolze Kanadier ihre Liebe zum Heimatland durch das Hissen, oder wenigstens

das zur Schau stellen ihrer Landesfahne, demonstrieren.
Nun ja, stolze Kanadier eben, aber die bedauernswerten Quebecers haben ja leider kein eigenes Land! Das haben die englischsprachigen Bewohner Montreals in zwei Volksentscheiden verhindert.
Zur Erklärung: außer in der bevölkerungsreichen Metropole Montreal gab es bei der letzten Volksabstimmung zur Unabhängigkeit überall in der Provinz eine deutliche Mehrheit für eine Abspaltung von Kanada!
Also hisst man demonstrativ die Flagge Quebecs aber auf gar keinen Fall die kanadische! Und Feiertag? Vielleicht auf dem Papier, aber was sollte man denn hier feiern? Insbesondere außerhalb von Montreal, aber auch in der Stadt selbst, stößt man immer wieder auf stark separatistische Tendenzen. Die Flagge Kanadas sieht man nur vor internationalen Hotels und auf Gebäuden, die der Regierung in Ottawa unterstellt sind. Und nur hier findet man neben der alleinigen französischen Amtssprache der Provinz Québec auch eine Ausschilderung auf Englisch. Begründet wird das Ganze mit einer Angst der Französischsprachigen vor dem Verlust ihrer Identität.
Für uns ist das alles nur schwer nachvollziehbar. Es fällt uns schwer zu verstehen, warum viele Quebecer scheinbar große Probleme haben, auf Kanada stolz zu sein und das stört uns. Das hat dieses Land einfach nicht verdient. Wie groß der

Unterschied zu dem Rest Kanadas tatsächlich ist, bemerkten wir erst so richtig, als wir zwei Tage später die Grenze nach New Brunswick passierten und von noch nicht wieder entfernten Fahnen mit rot-weißen Ahornblättern fast erschlagen wurden.
Aber auch anderen Provinzen sagen mit der jeweils dominierenden Beflaggung so einiges Interessantes über ihre Wurzeln und Geschichte aus.

Da sind zuerst die Franzosen, die wohl als erste Europäer hier landeten und sich mehr oder weniger gut mit den Indianern arrangierten. Ihre Nachkommen nennen sich „Acadiens“ (Acadie war der Name des ehemaligen französischen Kolonialgebietes) und haben ihrer französischen Identität auf der Trikolore einen gelben Stern hinzugefügt.
Nachdem Großbritannien den Unabhängigkeitskrieg in den späteren USA verloren hatte, (Frankreich kämpfte mehr oder weniger offen auf der Seite Washingtons.) wurden hier aus den USA geflohene oder vertriebene Loyalisten, die Königstreuen der englischen Krone, in großer Zahl angesiedelt.
Noch heute weht vielerorts der Union Jack und die Ablehnung des Nachbarn im Süden ist besonders groß. Hier finden sich immer noch mit Abstand die meisten Kanadier, die jede weitere Ablösung Kanadas von Großbritannien (Königin Elisabeth II. ist Staatsoberhaupt Kanadas und

thront auf jeder kanadischen Münze) ablehnen und der Politik der britischen Krone folgen.
Später siedelten die Engländer hier dann verstärkt auch deutsche Einwanderer an, was man noch heute an Ortsnamen wie New Germany, Lunenburg (Weltkulturerbe-Stadt) oder auch -besonders amüsant- West-Berlin erkennen kann.
Bis heute gibt es Englisch oder Französisch dominierte Dörfer, was man in der Regel sehr schnell an der Beflaggung erkennen kann.

Die ganze Region ist, insbesondere entlang den endlosen Küsten, wildromantisch und wunderschön, und zum Zeitpunkt unserer Rundreise Anfang Juli, mit 25-30°C angenehm warm. Eben nur ein bisschen zu angenehm warm, denn hier erwischten sie mich dann doch - die Mücken! Auf einer Wanderung bekam ich drei Mückenstiche in die Brust und einen in den Hals. Obwohl mir Mückenstiche normalerweise nicht viel ausmachen, merkte ich schnell, dass dieses KANADISCHE Mücken waren.
Und die sind anders! Nach kurzer Zeit bildeten sich mindestens 2-Euro-Stück große feuerrote Höfe, die anschwollen und nach etwa sechs Stunden deutliche und ziemlich eklige Zeichen einer bakteriellen Infektion aufwiesen. Hatte ich gerade eine Reise in diese Region empfohlen? Mir gelang es nicht, meine neue „Aussätzigkeit" vor Lucas geheim zu halten, und ich wurde zu einer Antibiotikabehandlung verdonnert.

Abheilung und Rückbildung dauerten dennoch mehrere Wochen.

Am nächsten Abend waren wir dann seit Ewigkeiten einmal wieder in einer originellen alten Dorfkneipe und von der guten Stimmung dort überrascht. Zwei junge Frauen spielten alte keltische Stimmungsmusik, die von ständigem rhythmischen Fußsteppen begleitet wurde. Wir saßen mitten drin, und mir fiel auf, dass eigentlich alle irgendwie mitwippten. Es war ein bisschen wie in der „Titanic" - Filmszene im Unterdeck der dritten Klasse, in der es auch laut und urig zuging. Auch die Musikrichtung war für mein Empfinden die gleiche, und wären Kate und Leonardo zur Tür hereingekommen, hätte das auch gepasst.

Diese Gegend kann man nur mögen. Für uns ist das hier ein nahezu perfektes Urlaubsziel. Jeden Tag woanders, jeden Tag aufregend schöne Landschaft, jeden Tag fast ideale Sommertemperaturen, friedlich, sicher, malerisch, historisch, relativ günstig und nicht überlaufen. Man muss nur täglich drei bis fünf Stunden Autofahrt mögen. Die Menschen Ahen im ländlichen Osten Kanadas sind, wie Kanadier im Allgemeinen, nett und freundlich, gemütlich, gastfreundlich und hier in der Regel auch übergewichtig. Deutlich übergewichtig! Keine menschlichen Augenweiden weit und breit. Es sollte noch bis Halifax dauern, bis wir wieder

einen schlanken Menschen zu Gesicht bekamen.
Ist schon komisch, wenn wir, die zumindest für unser eigenes Empfinden durchaus ein paar Kilo zu viel auf den Rippen haben, plötzlich die Schlanken sind. Originalton: "Oh, you're from Europe - that's why you're so skinny!" („Oh, ihr seid aus Europa, deswegen seid ihr so dünn!")
Dabei wird einem dann wohlwollend die Platte mit Donuts erneut hingehalten, frei nach dem Motto: Wir werden die armen kleinen Vettern aus der alten Welt schon satt kriegen.
Wir fühlten uns eher wie die Enten beim Entenfüttern. Wenn Ihr Euch als Gastgeber jetzt einen gemütlichen, netten Mittvierziger Fleischkloß mit Fettschürze vorstellt, versteht Ihr, dass wir es besser nicht als Kompliment auffassen sollten, hier als dünn bezeichnet zu werden. Es ist hier scheinbar normal, weit über dem BMI zu liegen und infolge alle anderen als unnatürlich dünn zu bezeichnen. Das ist für mich verkehrte Welt!
Allerdings habe ich auf dieser Reise meine zuvor sauer abgehungerten Kilos gleich wieder zugenommen und war auch nicht ein einziges Mal Laufen.
Der Osten Kanadas lebte lange gut von Fischfang und Schiffbau. Beide fallen heute aber als Arbeitgeber aus, und die meisten jungen Menschen verlassen diese Region mehr oder weniger freiwillig. Der Weg führt erneut nach Westen, insbesondere in die Ölfelder Albertas.

Die Fischgründe vor der Küste sind zwar immer noch groß, aber zum Einen braucht man für den Fang nicht mehr so viele Menschen wie früher und zum Anderen können die Fischer mit den Preisen von Großfang und Zuchtfisch einfach nicht mithalten.

Für uns, die gerne Hummer essen, ist hier Schlemmerland! Hummer wird hier aus dem seichten, flachen, kalten und nährstoffreichen Wasser in Hülle und Fülle an Land gezogen. In jedem Restaurant und in vielen Buden am Straßenrand werden sie angeboten und das zum Preis eines Steaks! Selbst McDonalds hat einen McLobster im Angebot, schmeckt übrigens nicht, zu viel süße fette Majo! Lustig ist das trotzdem.

Ein Kuriosum ist die vor der Küste Neufundlands liegende Inselgruppe St. Pierre et Miquelon, die zu Frankreich und zur Europäischen Union gehört. Die Währung auf diesen Inseln ist der Euro, und der Polizist heißt Gendarm.
Eine Alternative für Europäer, die ohne Auswanderung gerne dauerhaft auf dem nordamerikanischen Kontinent leben möchten?

Kanada ist für uns auch immer Kajaken. Wir lieben es! Man schwebt förmlich durch völlig naturbelassene Flüsse, muss das Kajak in flachem Wasser immer wieder über Steinbarrieren oder Biberdämme tragen und trifft stundenlang keine Menschenseele.
Es ist so still und friedlich, dass man nur das Eintauchen der Paddel ins Wasser hört. Herrlich! So eine Kajaktour macht glücklich. Ich kann verstehen, dass viele Menschen immer und immer wieder Kajaken.
Mitte August konnten wir in Montreal dann endlich unseren Ganztags- Französischkurs beginnen.
Mitte August und es war heiß. Ich bin immer wieder überrascht, wie warm der Süden Kanadas im Sommer ist. Mein Erstaunen basiert allerdings unstrittig auf dem Umstand, dass ich Kanada geografisch irrtümlich immer eher als das „Norwegen Amerikas" gesehen hatte.
Tatsächlich liegt Montreal aber auf der Höhe von Mailand und so ist auch der Sommer eher italienisch als norwegisch. Montreal gefiel uns immer besser. Wir fuhren jeden Morgen mit dem

Fahrrad fünf Minuten bergab zur Uni und nachmittags zwanzig Minuten wieder bergauf. Ist schon lustig, mit Vierzig wieder einen Studentenausweis zu haben. Ich gehe wieder regelmäßig Laufen und nehme wieder einmal 2-3 kg ab. Wir wohnen in der Nähe vom „Mont Royal“ und ich laufe zunächst mit leichter Steigung bergauf, um nach ca. 30 min einen tollen Blick auf Montreal zu haben. Bei 25°C bringt mich das ganz schön ins Schwitzen.
Leider lässt mein Eifer schon nach kurzer Zeit nach, weil ich das Gefühl habe, die Laufzeit dringend zum Lernen zu benötigen.
Der Französischkurs war alles andere als entspannend. Man legte ein Tempo an den Tag, dass mir Hören und Sehen verging. Alleinige Sprache war Französisch, und so wurden auch Grammatikregeln nur auf Französisch erklärt, was unglaublich erhellend auf mich wirkte. Danach mussten Übungsfragen im Rekordtempo selbstständig bearbeitet und vorgetragen werden, und schon ging es zum nächsten Thema über.
Zuhause versuche ich dann mühsam, das Erlernte aufzuarbeiten, was mich am Folgetag aber durchaus nicht vor neuen Peinlichkeiten bewahrte.
Kann man diese Sprache nicht bitte so aussprechen, wie sie geschrieben wird! Unsere Lehrerin zauberte immer wieder neue Gemeinheiten hervor, die uns Studenten immer wieder unterschiedlich alt aussehen ließen. Und wehe man benutzte auch nur ein einziges

englisches Wort im Unterricht, dann bekam unsere Lehrerin sofort heftige Zahnschmerzattacken!
Im Nachmittagsunterricht wurden wir dann mit 200 bis 300 neuen Wörtern beschossen, und mein Vokabelheft füllte sich in Rekordzeit. Einige meiner Mitschüler legten in der Pause ihren Kopf auf den Tisch und traten geistig einfach ab. Irgendwie konnte ich das gut verstehen, auch wenn das Bild, einer auf mich gerichteten Stalin-Orgel mein Gefühl zutreffender bezeichnete.
Die permanente Überforderung gehört zur Lernmethode und wirkt. Wir saßen abends und an den Wochenenden über den Büchern und lernten.
Das Sprechen war das größte Problem. Man stolperte so durch das Leben und fühlte sich leicht behindert. Ich ging zum Beispiel zum Friseur und legte mir meinen Text gedanklich vorher sorgfältig zurecht. Ich wusste genau, was ich sagen wollte. Ich war aufgeregt und wollte doch cool bleiben.
Stolz sagte ich meinen Satz auf Französisch auf und mein Gegenüber drehte seinen Kopf erst ein wenig nach rechts und dann fragend etwas nach links. Nach einer gefühlten Ewigkeit sagt er dann auf Englisch: „Oh (und dieses „Oh" war ganz fies langgezogen, also eher OOOOh), you want to make an appointment?" (Sie möchten einen Termin vereinbaren?)
Die Zweisprachigkeit Montreals ist für Französisch Lernende manchmal ein Problem. Man müht sich ab und dann wird gleich wieder

aufs Englische ausgewichen. Dabei wollen die Einheimischen ja nur höflich sein.

Nach einiger Zeit fing ich an, meine Lehrer zu verstehen und auch außerhalb der Schule bekamen die Wörter langsam eine Bedeutung. Es machte Spaß, erste Erfolge zu sehen aber es desillusionierte auch ein bisschen.
Irgendwie klingt eine Sprache doch besser, wenn man nur dem Klang lauscht, ohne das Gesprochene zu verstehen.
Und dann gibt es noch die kleinen Kuriositäten einer Sprache. So stellen die Franzosen den Fernseher nicht an, sondern sie zünden ihn an, um fernzusehen. Und die Feuerwehr löscht nicht, sie gießt das Feuer. Und das sind dann Momente, in denen ich mir ein Schmunzeln nicht verkneifen kann, wenn ich mir so vorstelle, wie die französische Feuerwehr das Haus gießt, nachdem der Mann seinen Fernseher angezündet hat.

Es brachte mir viel Spaß, hier Französisch zu lernen. Meine Kommilitonen kamen überwiegend aus klassischen Auswandererländern und hatten alle einen akademischen Background. Ich finde das Bild oben richtig toll.
Es entstand ganz zufällig in einer Pause. Es begann mit einem Satz auf Französisch und jeder fügte den Satz in seiner Heimatsprache hinzu. Es waren: Spanisch, Portugiesisch, Deutsch, Rumänisch, Bangladeschisch, Russisch, Chinesisch (Mandarin), Farsi, Französisch und Hindi. Nur unser Ägypter wollte nichts dazuschreiben, er fand das albern.

Der Ort Tadoussac, etwa 500 km nordöstlich von Montreal am St. Lawrence gelegen, ist uns ganz besonders ans Herz gewachsen.

In der ältesten Gemeinde Kanadas findet man auch die mit über 400 Jahren älteste Holzkirche, und der Ort lässt noch heute erahnen, wie französische Seefahrer im Mittelalter von hier aus die neue Welt entdeckten und gestalteten, wie sie mit friedlichen Indianern Handel trieben und den langen kalten Winter zu überleben versuchten.
Als wir hier am Strand picknickten, konnten wir in nur 50 Meter Entfernung spielende Wale beobachten. Welch ein Naturspektakel!

Ende September war die Hitze vorbei, es regnete häufiger. Die Bäume verfärbten sich und jetzt fuhren auffällig viele Kreuzfahrtschiffe den St.-Lorenz-Strom hinauf. Der „Indian Summer‘ stand vor der Tür.
Der eigentliche „Indian Summer“ beschreibt ein Wetterphänomen.
Ähnlich wie die Eisheiligen in Deutschland, wenn der Winter noch einmal für ein paar Tage zurückkehrt, obwohl eigentlich schon lange Frühling ist, und man den Sommer erwartet, ist der „Indian Summer“ eine Zeit, in der es Ende Oktober / Anfang November nach dem ersten Frost noch einmal zu einer kurzen Rückkehr des Sommers kommt.
Warme Tage nach dem ersten Frost und ein Laubfarbenmeer wie man es so halt nur in Neuengland (nordöstliche USA und südöstliches Kanada) findet.
Und natürlich auch längst von der Tourismusindustrie entdeckt! Wunderschön!

So schön Montreal im Sommer auch sein mag, einen sechsmonatigen Winter mit Temperaturen bis unter -30°C müssen wir nicht haben.
In Montreal hat man für diese Zeit „im Tiefkühlschrank“ eine unterirdische Stadt gebaut, die „Ville Souterraine“, in der man auf insgesamt etwa 30 km auch im Winter alles das machen kann, was man normalerweise oberirdisch im Freien macht: Essengehen, Kaffeetrinken, Shoppen, Flanieren ... Wir wünschten den Montrealern einen sonnigen Winter.

19. Erste Erkenntnisse

Das Gefühl, endlich auf Weltreise zu sein kam spät, erst als wir unsere westliche „alte“ Welt verlassen hatten und ins fremde Asien eintauchten.
Ich bin glücklich, dass es überhaupt kam, ich wäre schon sehr enttäuscht gewesen, wenn ich das Gefühl bekommen hätte, nur einen langen Urlaub zu machen. Deswegen bin ich auch froh, dass wir uns nicht primär für eine „englischsprachige“ Weltreise auf der südlichen Halbkugel (Hawaii, Südsee, Neuseeland, Australien, Südafrika, Namibia, usw.) entschieden haben.

Wie kam es zu diesem Gefühl? Hat uns diese westliche Welt nicht genug Neues gebracht? Mussten wir etwas „Anderes“ erleben? Scheinbar ja! Wir sind auf Weltreise gegangen, um etwas Spannendes, etwas (positiv) Aufregendes zu durchleben! Unsere „alte“ Welt hatte zu Beginn der Weltreise den hohen Erwartungen nicht entsprochen. Wir kannten sie, aber wir wollten etwas wirklich Neues!
Aber, wie plant man positiv Aufregendes? Die Feinplanung während der Weltreise zu machen war richtig. Die Gespräche mit Lucas über die Reiseroute brachten viel Spaß, waren spannend, manchmal richtig aufregend.
Ähnlich wie bei der orientierenden Planung einer Weltreise, entsteht auch bei der Feinplanung Vorfreude, und während der Reise geht das Planen immer leichter. Vielleicht, weil man seine Skepsis, seine Angst verliert. Das ist einerseits gut, weil man unbeschwert besser genießen kann und weil man, wenn man sich an allgemeingültige Regeln hält, gar nicht so viel zu befürchten hat. Andererseits gibt es aber auch reale Gefahren, die man beachten sollte.
Einmal auf unserer Reise bekam ich Bedenken und zweifelte an unserer Routenplanung. Als wir am letzten Tag in Bhutan erfuhren, dass wir mit Militär-Eskorte durch Assam zum Flughafen Guwahati gebracht werden sollten, saßen wir auf einmal irgendwo in der zweiten/dritten Welt in einem Hotelzimmer und fingen an, über das Verhältnis zwischen den Rebellen der Vereinigten Befreiungsfront von Assam, Bhutan

und der Rolle der Touristen zu googeln. Die Tatsache, dass es draußen stark regnete schlug zusätzlich auf unser Gemüt.
Ich hatte gar nicht bemerkt, dass ich zum Frühstück einen Kaffee nach dem anderen getrunken hatte und deswegen später den ganzen Konvoi anhalten musste.
Jetzt lief ich in die völlig verstaubten Büsche, bewacht von einem Trupp von Soldaten auf zwei Militärjeeps, einer vor uns, einen hinter uns, mit zwei Maschinengewehren im Anschlag.
Selten habe ich Kaffeetrinken so bereut, wie während dieser Harnentleerung in den Teeplantagen von Assam. So hatten wir auch ein kleines Abenteuer, welches allerdings erst im Nachhinein teilweise auch ganz amüsant wirkte.

XIX. Costa Rica

“Firebugs und Brüllaffen“

Ich ahnte, dieser Teil der Reise würde anders! Reiseführer über Costa Rica überschütten den Leser mit Warnungen vor Kriminalität, Straßenzustand und Fahrweise der Einheimischen, sodass uns jetzt im Landeanflug auf die Hauptstadt San Josè ernsthafte Zweifel kommen, ob wir hier wohl eine gute Wahl getroffen haben. Selbst Hotelsafes sollen nicht sicher sein und stehen auf der Warnliste!
Andererseits wird Costa Rica als die Schweiz Mittelamerikas beschrieben. Nun, wir sind gespannt. Bei 29°C im Schatten hatte ich also stets ein waches Auge auf unser Hab und Gut, während Lucas sich mit dem deutschen Angestellten unseres Autovermieters unterhielt.
Er klärte uns ausführlich und sehr charmant über einige costa-ricanische Besonderheiten im Straßenverkehr auf.
So fühlen sich einige Polizisten wohl -nicht ganz zu Unrecht- unterbezahlt und versuchen diesen Umstand durch Bar-Inzahlungnahme von Strafzetteln zu lindern.
Die exorbitant hohen Strafen, selbst für kleinste Vergehen (USD 400 für geringe Geschwindigkeitsüberschreitungen), wirken natürlich verlockend. So wurde uns dringend geraten, eventuelle Strafmandate niemals direkt bei der Polizei, sondern bei Rückgabe des Fahrzeuges direkt beim Autovermieter zu

begleichen. Auch wurden wir gebeten, nicht auf Bestechungsverlockungen zu reagieren. Was sollte man nun davon halten?
Kurz darauf mussten wir noch eine Belehrung unterschreiben, dass wir von folgendem Trick Kenntnis genommen haben: Kriminelle durchstechen einen Autoreifen, folgen dem Opfer dann bis der Reifen platt ist, und das Opfer rechts ranfährt. Dann wird selbstlos Hilfe beim Wechsel des Reifens angeboten und nebenbei wird der Urlauber um seine Wertsachen erleichtert.
Na ja, da kam nicht wirklich Freude auf. Aber, Bange machen gilt nicht, und wir stürzten uns in das, was da wohl käme. Und, solange man dabei gesund bleibt und sich ein möglicher finanzieller Schaden in Grenzen hält, gehören Abenteuer auch zum Reisen.
Zwei Tage blieben wir in San Josè, eine der vielen Städte, die sich damit rühmt, auch irgendwann einmal Hemingway beheimatet zu haben. Die Oper der Stadt ist wirklich schön und das Goldmuseum sehr authentisch. Hier bekommt man eine Vorstellung, was für Schätze die Spanier nach Europa verschleppt und eingeschmolzen haben.
Nach zwei Tagen ging es weiter in die Berge. Costa Rica wird zentral von Norden nach Süden von einer vulkanischen Gebirgskette durchzogen, die teilweise Schweizer Höhen erreicht. Hier herrschen angenehme sommerlichen Temperaturen zwischen 20 und 30°C. Dieses Gebiet gehört mit einer hohen

Erdbebenhäufigkeit und seinen vielen aktiven und inaktiven Vulkanen zum sogenannten Feuerring der Erde. Östlich dieser Gebirgskette herrscht karibisches, regenreiches und tropisch schwüles Klima, westlich, am Pazifik, ist es noch heißer aber trockener. Die Hauptstadt San Josè liegt in den Bergen und hat ein für Europäer vergleichsweise angenehmes Klima.
Kaum hat man die Stadt verlassen, beginnt man zu ahnen, wie schön Costa Rica ist. Eigentlich fängt man an, die Schönheit zu riechen.
Neben den allgegenwärtigen Kaffeeplantagen (nicht duftend!) gibt es riesige Blumenfelder, welche die Berge in einen lieblichen Duft hüllen. Bei geöffnetem Autofenster kommt man sich vor wie in einem Blumengeschäft. Also dort, wo die meisten der hier kultivierten Blumen letztlich landen. Aber auch unabhängig von den Blumenfeldern riechen die Wälder wie tropische Gewächshäuser in botanischen Gärten. Vieles, was man bei uns mühsam in Gewächshäusern heranzieht oder in Miniaturformat auf der Fensterbank hegt und pflegt, wächst hier frei und im Überfluss und erreicht schwer vorstellbare Größe und Pracht.

Unsere erste Übernachtung führte uns auf eine Milchfarm. Schön hoch gelegen, sodass man angenehme Temperaturen und, bei gutem Wetter, einen schönen Blick auf die Berge und die Vulkane hat. Die Farm gehört einem Engländer, der vor 40 Jahren hierher kam und

sein Glück suchte. Unser Zimmer war einfach, aber okay.
Man hätte mir allerdings nicht sagen müssen, dass der Eigentümer Engländer ist, ich hätte es auch so an den wackelnden Wasserhähnen erkannt. Mit Sanitäranlagen stehen Engländer scheinbar auf Kriegsfuß.
Nein, ehrlich, der Wasserhahn in unserem Bad hat so stark gewackelt, dass können nur Engländer ignorieren!
Egal, wo auf dieser Welt Engländer oder andere Untertanen ihrer Majestät (Kanada, Neuseeland ...) ein Bad bauen, wackelt der Wasserhahn, der Duschkopf passt nicht, der Stöpsel der Badewanne schließt nicht oder noch schlimmer, er lässt sich nach Benutzung nicht mehr öffnen. Oder alle Schwächen treten gemeinsam auf.
Also, eigentlich wollte ich mir auf unseren Reisen genau diese nicht ganz undeutsche Eigenschaft des Nörgeln und des „Alles ganz genau unter die Lupe nehmen" zu müssen abgewöhnen, aber das fällt mir doch schwer und sie ist ja auch recht amüsant.
Es gibt zudem wahrlich weniger amüsante Eigenschaften anderer Völker. Da haben es die Engländer mit ihrer „Sanitärstörung" noch gut getroffen.
Wie auch immer, der englische Fincabesitzer war knuffig. Er setzte sich am nächsten Morgen zu seinen Gästen und erzählte aus seinem Leben. Sein Haupthaus wurde vor einem Jahr von einem Erdbeben zerstört und trotz fehlender

Versicherung, es gibt schlichtweg keine Anbieter in dieser Region, hat er die Chance genutzt und ein wirklich wunderschönes neues Gästehaus gebaut. Äußerst elegant und geschmackvoll! Die Sanitärtechnik konnte ich noch nicht prüfen. Hier saßen wir nun beim Frühstück, schauten durch das große Panoramafenster und versuchten den Vulkan Paos zu entdecken, der sich unter einer großen Wolke versteckte.
Vierzig Jahre lebt der Engländer schon hier und ich glaube, dass er sein Geld nicht so sehr mit seinen Kühen verdient hat. Ich mag diesen Typ Engländer, den man weltweit in den abgelegensten Ecken unseres Planeten findet, der in die Welt hinausgezogen ist und sich unter oft widrigsten Bedingungen etwas aufgebaut hat. Ich denke dann immer etwas verklärt an Filme wie „Jenseits von Afrika". Irgendwie glaube ich, dass dieser Typ Mensch die Menschheit insgesamt enorm vorwärts gebracht hat und zu wenig Achtung findet. Vermutlich muss man auch etwas knuffig sein, um das leisten zu können. Ich wäre mit meinem akkuraten Wasserhahn wahrscheinlich lieber zu Hause geblieben.
Ich komme immer wieder vom Thema ab. Besagter Herr sitzt also am Nachbartisch und fängt mit meinem Lieblingsthema an: Den Chinesen. Costa Rica pflegte bisher gute Beziehungen zu Taiwan. Nun hat China dem Volk von Costa Rica in San Josè ein hypermodernes, völlig überdimensioniertes Sportstadion „geschenkt", sozusagen für nix!

Sogar die chinesischen Arbeiter haben sie mitgebracht „und alles natürlich nur als Zeichen der Freundschaft!" schimpft der Engländer.

„Komisch nur, dass die Chinesen seitdem ohne erkennbaren Widerspruch in den fischreichen pazifischen Gewässern Costa Ricas auf Jagd gehen! Ziel der Begierde der Chinesen sind aber nicht etwa Thunfische, nein, die Jagd gilt Haien, denen bei lebendigem Leib die Flossen abgeschnitten werden, um sie dann im Meer elendig verenden zu lassen. Und das alles in Costa Rica, einem Land, das anteilig über mehr Naturschutzgebiete verfügt als jedes andere, und das sich als vorbildlich in Sachen nachhaltiger Ökologie begreift und vermarktet. Komisch auch, dass sich die ehedem guten Beziehungen zu Taiwan etwas abgekühlt haben. Ist unsere Abhängigkeit etwa schon so groß, dass wir nicht mehr wagen, unseren Mund aufzumachen?"

Nach dem Frühstück ging es dann weiter. Die Wolken hingen tief und es nieselte. Wir würden den Vulkan Paos mit seinem giftgrünen Kratersee leider nicht zu sehen bekommen. Schade! Unser nächstes Tagesziel war wieder ein Vulkan: Arenal. Er gehört wohl weltweit zu den Aktivsten, aber jetzt mussten wir erst einmal dorthin kommen! Für die 85 km errechnete unser Navi eine Fahrzeit von 3,5 Stunden. Die Straßen waren hier oben in den Bergen oft in sehr schlechtem Zustand und Lucas fragte mich mehr als einmal, warum ich so schnell fuhr, obwohl ich gerade einmal 35 km/h „schnell“ war.

Abseits der Hauptrouten sind Flussdurchfahrten keine Seltenheit. Wir hatten während unserer Reise durch Costa Rica wohl acht bis zehn davon zu bewältigen und waren verdammt froh, dass wir in der Trockenzeit und mit einem Allradfahrzeug unterwegs waren. Für einen Mitteleuropäer war das jedes Mal spannend.

Unser nächstes Hotel befindet sich am Fuße des Vulkans. Typisch für diese Gegend sind heiße Quellen, die hier zum Teil zu Bäderlandschaften ausgebaut wurden. Ein bisschen habe ich mich wie in Japan gefühlt, als wir dort so alleine im Dunkeln unterm Sternenhimmel in den heißen Quellen badeten.

Abends und besonders nachts konnten wir den aktiven Vulkan hören. Pff… pff... pff... Irgendwie lag ich immer auf der Lauer, um einen eventuellen Ausbruch nicht zu verpassen. Nachts soll man manchmal die glutrote Lava den Berg herunter laufen sehen. Ich glaube, auch die Erde grummelte zeitweise. Irgendwann schlief ich dann doch ein.

Auch das darauffolgende Hotel im hohen Norden des Landes, nur wenige Kilometer südlich der Grenze zu Nicaragua, hatte einen Swimmingpool und drei Hotpools, welche aber offiziell um 18:00Uhr geschlossen wurden. Wie schön, dachten wir, alles für uns.
Es gab zwar keinen Zaun, der uns davon abgehalten hätte, ein Bad im Dunkeln zu genießen, dafür aber zwei rivalisierende Truppen schwarzer Brüllaffen über uns in den Bäumen.
Das sind die Affen, die in der „Nichts ist unmöglich – Toyota“- Werbung zum Schluss gaaanz dunkel das „Toyota“ singen. Sie waren wohl die ganze Nacht damit beschäftigt, ihre Territorien abzustecken.
Pünktlich mit der Dämmerung ging es los.
Im Dunkeln und mit aufkommender Gänsehaut klang es wie eine Mischung aus Löwe und Nilpferd, was natürlich Quatsch ist. Anfangs konnten wir das laute, durchdringende und schwer zu ortende Gebrüll gar nicht zuordnen und waren davon überzeugt, dass es sich um riiiesiiige Affen handeln musste.

Unser Bungalow befand sich in etwa zehnminütiger, unbeleuchteter Fußweg-entfernung von den Pools und das Gebrüll war direkt über uns in dem unmittelbar an den Bungalow grenzendem Urwald.
Die Brüllaffen sollten wir ab heute fast jede Nacht hören. Das sind schon ulkige Tiere. Die könnten glatt zu meinen Lieblingsaffen werden.

Und dann am nächsten Morgen passierte es. Wir gingen zum Frühstück und ließen den Hotelsafe offen! Sperrangelweit offen!
Und während wir in aller Ruhe frühstückten, im Internet surften und skypten, lagen Pässe, Kreditkarten, Bargeld für die ganze Reise, und was weiß ich nicht noch alles, für Reinigungskräfte, Minibar-Mitarbeiter und wem sonst noch so einfiel, unser Zimmer zu

*besuchen, zur freien Selbstbedienung offen.
Uns wurde ganz schlecht, als wir uns plötzlich an den offenen Safe erinnerten, aber es fehlte nichts - gar nichts! Gott sei Dank, sonst wäre unsere Reise hier schon zu Ende gewesen.*

*Bei einer Reise nach Costa Rica geht es in erster Linie um Natur. Man streift durch tropische Regenwälder, oder - marketingtechnisch besonders schön - durch den „Cloud-Forest", also durch einen Wolkenwald - selbstredend einzigartig auf dieser Welt. Na ja, Regenwald mit tiefhängenden Wolken würde das Ganze auch zutreffend beschreiben.
Ich komme schon wieder vom Thema ab, also man verbringt einen großen Teil seiner Zeit damit, so durch die Natur zu streifen, um zum Beispiel einen Tukan vor die Linse zu bekommen. In den Nationalparks und einigen Hotels erhält man eine Checkliste, auf der man zu erwartende Tiere und Pflanzen abhaken kann, die man tatsächlich gesehen hat. Costa Rica gilt als Paradies für Vogelliebhaber. Uns war das dann doch etwas zu viel, zumal wir festgestellt haben, dass die Tiere die frequentierten Wege eher meiden. Unsere Tukane haben wir mehr zufällig beim Abseilen entdeckt, und während üblicherweise die Touristen die Tukane beobachten, hatten wir eher den Eindruck, als ob die Tukane sich einmal die komischen Vögel angucken wollten, die da an zwei Seilen hängend durch den Urwald zippten.*

Der Artenreichtum der Tier- und Pflanzenwelt Costa Ricas ist schon beeindruckend. Auch wenn wir natürlich viele der hier vorkommende Tiere, wie Puma, Leopard oder auch eine Boa Konstriktor, nicht zu sehen bekamen, so haben schon gelegentliche Schilderungen und Geschichten von Einheimischen in nächtlicher Urwaldkulisse einen bleibenden Eindruck hinterlassen. Einmal saßen wir noch nach Sonnenuntergang auf unserer Terrasse und lauschten so in die Dunkelheit, in den Urwald hinein.

Im Hotel hatte man uns kurz zuvor berichtet, dass in den vergangenen Tagen wiederholt ein Puma auf dem Gelände gesichtet worden sei, und dementsprechend wach waren unsere Augen.

Plötzlich funkelte in der Dunkelheit kurz ein Licht auf und verschwand wieder. Drei-, viermal wiederholte sich das Geschehen und immer aus einer Richtung kommend, aus der kein Mensch mit einer Taschenlampe leuchten konnte. Bei näherer Beobachtung konnten wir feststellen, dass das Licht scheinbar durch die Nacht flog. Uns war schon klar, dass Pumas nicht fliegen und am nächsten Tag erfuhren wir, dass es sich um sogenannte Firebugs (Feuerkäfer) handelt. Wir müssen unbedingt noch einmal nachlesen, wie es diese ulkigen Kreaturen schaffen, in der Nacht zu leuchten. Mutter Natur ist immer wieder faszinierend.

Im Laufe unserer Reise wurde uns klar, dass Costa Rica ein relativ sicheres Reiseland ist. Wenn man möglichst nach Einbruch der Dunkelheit nicht mehr selbst Auto fährt und keine Wertsachen im Fahrzeug zurück lässt, hat man wirklich nicht viel zu befürchten. Auch wenn

der Straßenzustand manchmal Zweifel aufkommen lässt. Auf dem Foto seht ihr eine nicht untypische Brücke, die wahrlich nicht sehr vertrauenerweckend aussieht, und über die wir dann doch gefahren sind, nun ja, wenn das selbst schwere LKWs schaffen. Manche bevorzugen aber auch den Weg durch den Fluss und bleiben dann stecken. Keine wirklich tolle Alternative. Jede Brücke ist hier ein kleines Abenteuer.
Vom hohen Norden Costa Ricas haben wir uns dann bis in den tiefen Süden durchgearbeitet. Soweit möglich, haben wir versucht, dem Pazifik zu folgen.
Tamarindo, Playa Grande, Punta Islita, Jaco, Manuel Antonio und die Osa Halbinsel lagen auf unserer Route. An den meisten Orten sind wir maximal drei Tage geblieben und ehrlich gesagt, konnten wir uns mit Ausnahme von Manuel Antonio auch nirgends einen deutlich längeren Aufenthalt vorstellen.

Nach drei Wochen Rundreise bleibt die Feststellung, dass Costa Rica ein schönes Land ist und ein wenig wundert es mich, dass ich mich dann doch nach der Hauptstadt San Josè und dem Fitnessclub in unserem Hotel zurücksehnte. Bei morgendlichen Temperaturen um bereits 30°C fehlte mir die Lust auf sportliche Aktivitäten, wenn man mal von gelegentlichen Schwimmgängen im nur unwesentlich kälteren Meer absieht.

Zurück in San José stellte ich fest, wie groß ich scheinbar bin. Auf dem Stepper im Sportclub konnte ich die Kontaktflächen zur Herzfrequenzmessung nicht halten, ohne mir die Arme zu verrenken. Mit meinen 1,83 m Höhe war ich wohl einer der größten im Sportclub.
Lustig wurde das einen Tag später. Im Friseursalon wurde mir eine nette, aber doch sehr kleine und, sagen wir mal pummelige, Friseurin zugewiesen.
Als ich da so in meinem Behandlungsstuhl saß, noch so ein schönes, schweres Modell vermutlich aus den 60ern, und in den Spiegel schaute, bemerkte ich, dass ich sitzenderweise immer noch einen Kopf größer war als sie.
Die dann folgende Szene hätte aus einem Luis de Funes - Film stammen können: Der Blick der Friseurin wechselte immer wieder zwischen Spiegel und mir, als ob sie irgendetwas nicht verstünde.
Dann senkte sich ihr Blick zum Fußboden, wo sie mittels eines mechanisch zu bedienendes Pedals versuchte, mich „kleiner“ zu stellen, was jedoch misslang, da ich schon ganz unten saß. Dennoch schaute sie wieder fragend in den Spiegel, nur um festzustellen, dass sich am Größenverhältnis nichts verändert hatte. Also startete sie einen neuen Versuch mit dem Pedal und probierte es immer wieder. Ich habe ja den Nachteil, dass man mir meinen Gemütszustand sofort ansieht und der stand kurz vor einer herzhaften Lachattacke. Auch konnte ich mir zum Verkneifen derselben nicht mit der Hand an

die Nase fassen, denn diese war schwitzend unter einem eng ansitzenden Plastikumhang gefangen. Ein: „Are you from San Josè ?" meinerseits entspannte dann schließlich die Situationskomik und führte doch noch zu einem Haarschnitt.
Der Haarschnitt war okay - keine Frage, aber es war schon lustig zu beobachten, wie einem die Haare geschnitten werden, wenn die Arme der Friseurin nicht bis zum Scheitel reichen und meine Schultern ständig Brustkontakt haben. Die Scheitelregion konnte sie dann auch nur mit Hilfe von Kamm und Schere schneiden, ansonsten werden Männer hier scheinbar nur mit der Maschine bearbeitet.

Am nächsten Tag sollte der Transfer von San Josè zu unserem Schiff in Puerto Lemon (Karibikseite) um neun Uhr das Hotel verlassen.
Wir waren also im Begriff, uns an Bord eines Schiffes zu begeben, dass uns zwölf Tage später nach Havanna/Kuba bringen sollte und auf dem es nur sporadisch Internetzugang geben sollte. Um halb acht, also anderthalb Stunden vor Abfahrt, erreichte uns eine E-mail, dass bei uns im Keller eingebrochen worden war und ein geschätztes Drittel unseres eingelagerten Hausstandes fehle. Viele persönliche Dinge, wie z.B. Fotos und Dias wurden aus den Kartons gerissen und lagen nun verstreut auf dem Fußboden. Nähere Einzelheiten erfuhren wir zunächst nicht. Es war ein merkwürdiges Gefühl, zu erfahren, dass

Fremde in den persönlichsten Dingen gewühlt hatten und möglicherweise nicht ersetzbare Filme aus unserer Kinderzeit mitgenommen hatten, die später vielleicht, nachdem die Wertlosigkeit erkannt wurde, irgendwo im Müll landen. Wir fühlten uns elendig und machtlos.

Da erheben wir uns über die Kriminalität in Mittelamerika und werden in Deutschland bestohlen!
Mehr dazu in unserer nächsten Mail.

20. Ich antworte auf einige Fragen

Unausgetretene Pfade wollten wir in unserem Leben suchen. Das ganze Spiel auf der Klaviatur unseres Planeten wollten wir erleben, bevor wir irgendwann, hoffentlich eines fernen Tages, einmal sterben müssen. Es muss ja nicht jede einzelne Taste der Klaviatur und auch nicht in jeder Anschlaghärte gespielt werden, aber wir wollten auch nicht ganze Areale links liegen lassen. Die Weltreise war solch ein starker Wunsch auf unserer Klaviatur, den wir über einen langen Zeitraum verfolgten, und schließlich hatten wir die Möglichkeit, unseren Traum zu leben und das macht unser Leben erst wirklich lebenswert, oder?

1. War der Zeitpunkt für die Weltreise richtig?

Gute Frage, weiß ich nicht!
Ich bin froh, dass wir diese lange Reise jetzt machen, denn ich bin überzeugt davon, dass wir sie in dieser Form im Rentenalter nicht machen könnten. Wenn der Letzte von uns beiden „endlich" siebenundsechzig Jahre alt ist, falls das dann noch das Renteneintrittsalter sein sollte (mathematisch problematisch), werden wir bestimmt mit einigen Defiziten zu kämpfen haben.
Im mittleren Alter, in dem wir uns jetzt befinden, haben wir noch genug von unserem „dicken Fell", um einige Probleme locker anzugehen und andere einfach vom Tisch zu wischen. Auch wenn wir uns einmal zu viel vorgenommen haben, können wir noch auf Kraftreserven zurückgreifen und die kommenden Tage dennoch genießen. Außerdem haben wir scheinbar endlos Lust zu Reisen. Ich glaube, dass man wenn man älter wird, ein „dünneres Fell" bekommt, und die Kraft und die Lust auf diese Art zu reisen sinkt. Die Wahrscheinlichkeit, dass wir diese Reise als Rentner durchhalten würden, beziffere ich auf unter zehn Prozent.
Wenn wir beide im hohen Rentenalter sind, werden wir sicher stolz auf uns sein, diese Reise zum richtigen Zeitpunkt gemacht zu haben.
Falls es einer von uns nicht bis dahin schaffen sollte, kann er zum Schluss wenigstens auf die Erinnerung zurückgreifen und muss sich nicht

vorwerfen, den richtigen Zeitpunkt verpass zu haben.
Aber vielleicht kommt auch alles anders, und wir sind quietschvergnügt und zweiundachtzig.
Wir brauchen dann zwar für alles doppelt so lange, aber was soll`s, wir haben Zeit genug. Wer weiß, was mit uns bis dahin noch alles passiert. Und warum eigentlich nicht zweimal eine ähnliche Reise unternehmen wenn wir das große Glück haben sollten.
Macht doch Spaß! Die Welt wird dann nicht mehr dieselbe sein. Und aus heutiger Sicht ist es mir völlig egal, wo ich sterbe. Warum nicht in Bhutan?

2. Wie lange werdet ihr reisen?

Eine Weltreise ist teuer, aber nicht so teuer, wie wir erwartet hatten.
Es gibt, im Gegensatz zum Urlaub, seltener das Bedürfnis sich etwas „ganz Tolles" zu gönnen, da man sich ja bewusst ist, dass man bereits etwas ganz Tolles macht. Wir rechneten pro Jahr und pro Person mit dem Gegenwert eines neuen Mittelklassewagens oder einer gehobenen Einbauküche.
Ich beziffere die veranschlagten Kosten bewusst nicht als Betrag, weil ich klar machen möchte, wo die Alternativen liegen könnten. Wohlwissend, dass sich wohl kaum jemand jedes Jahr einen neuen Mittelklassewagen oder eine neue Einbauküche kauft, bedeutet der

Verzicht auf das eine oder andere einen Schritt in Richtung Traumverwirklichung.
Wer uns kennt, weiß, dass von dem Tag an, an dem wir beginnen, unseren beruflichen Wiedereinstieg zu planen, die Weltreise zu Ende sein wird. Deshalb ist dieser Zeitpunkt nicht definiert, auch wenn wir wissen, dass dieser Tag immer näher kommt.

3. Habt Ihr Freunde verloren?

Nein. Nicht wirklich.
Wenn man im Berufsleben steht, kennt man auch einige Menschen, die irgendwo zwischen Bekannten, Freunden und Kollegen einzuordnen sind. Aus dieser Gruppe haben wir einige „verloren". Für diese ist aber die gesellschaftliche Stellung, die Wohnung, die Praxis wichtiger als die Person. Da wir das nicht mehr bieten, verlieren wir an Bedeutung.
Unsere Handvoll wirklicher Freunde werden wir aber nicht verlieren.

4. Mutters Sorge Nr.1: Werden wir wieder gesund zurückkommen?

In diesem Punkt gibt es wohl keinen Unterschied zwischen einer Urlaubsreise und einer Weltreise.

5. **Habt ihr als schwules westeuropäisches Paar irgendwo Probleme gehabt?**

Nein, nie. Es gibt viele Freunde, die zusammen durch die Welt reisen und sich ein Zimmer teilen.

6. **Habt ihr beide euch während der Weltreise genauso gut verstanden wie vorher?**

Ja! Wir haben uns schon immer besser verstanden, wenn wir enger zusammen waren.

XX. Von Costa Rica bis Havanna

„Sternenhimmel und Snackteller"

Der Einbruch und die Folgen beschäftigten uns so sehr, dass wir uns zunächst kaum über die Schiffsreise freuen konnten. Erst am zweiten Tag der Reise war Landgang. Wir waren auf den Maisinseln (Nicaragua), oder besser auf der Großen Maisinsel, und hatten sogar WIFI. Von der Insel und der Stimmung bekamen wir kaum etwas mit, da wir mit unseren Versicherungen skypten. Wir führten mit den Versicherungsmitarbeitern merkwürdige bis lustige Telefonate. Wir hatten nämlich keine Ahnung, wer von uns wo welche

Hausratversicherung hatte. Wir riefen nacheinander sämtliche Versicherungen an, bei denen wir Versicherungen hatten oder meinten zu haben, um herauszubekommen, wo wir wie hoch versichert waren. Ohne Erfolg! Überall hörten wir zwar freundliche bis amüsierte Mitarbeiter, aber auch immer ein: „Nein, bei uns sind Sie nicht hausratversichert."
Während die anderen feierten, hatten wir die Panik im Gesicht.
Die Diebe haben wohl nur so viele Kartons mitgenommen, wie ins Auto bzw. in den Van passten. Einige Umzugskartons wurden aufgerissen und auf den Boden ausgekippt, unter anderem unsere Fotos und Diakästen.
Wir sahen unsere geliebten und gehegten Dias so im Keller liegen, und stellten uns vor, wie die Diebe die ganze Zeit mit ihren wahrscheinlich schnee- und salzbesetzten Stiefeln darauf herum trampelten. Außerdem hatten wir die Befürchtung, dass die Diebe, nachdem sie festgestellt hatten, welche Beute da noch auf sie wartete, zurückkommen würden.
Während die anderen eine Party am Strand feierten, versuchten wir einen Umzug der verbliebenen Kartons in ein bewachtes Lagerhaus zu organisieren. Warum hatten wir ausgerechnet da sparen wollen und das nicht gleich gemacht?
Ich will es hier kurz machen. Nach zwei weiteren Tagen bekam unser Versicherungsvertreter, den wir endlich erreicht hatten, heraus, wo wir

versichert waren und fünf Tage später fand dann auch der Umzug der Kartons statt.
Was wirklich fehlte wussten wir nicht. Das sollten wir erst sieben Wochen später erfahren. Eine merkwürdige Urlaubssituation!
Die Schiffsreise hatte sich angeboten, da wir zwischen den beiden Teilreisen Costa Rica und Kuba etwas Ruhe haben wollten, also eben nicht jeden Tag Koffer packen wollten. Das geht einem nämlich tatsächlich irgendwann auf die Nerven. Ironischerweise hatten wir jetzt auch Ruhe vor dem Internet.
Die Route war sehr interessant: u.a. Lamanai und das Belize-Barrier-Riff (das weltweit zweitgrößte, nach dem Great-Barrier-Riff in Australien), Isla San Andres in Kolumbien, Roatan in Honduras, Chinchen Itza in Mexiko und unser Ziel Havanna auf Kuba.
Mit den abnehmenden Sorgen um unsere Habseligkeiten im Keller, konnten wir die Reise mehr und mehr genießen. Insbesondere der warme Seewind morgens und abends bei Sonnenauf- bzw. -untergang war traumhaft.
An einem Abend, an dem das Meer sehr unruhig war und einige Gäste aus gutem Grunde erst gar nicht zum Abendessen erschienen, wurde auch mir äußerst mulmig in der Magengegend.
Ich war an der Grenze zur Seekrankheit. Erschwerend war die Tatsache, dass heute die Klimaanlage die hohen Temperaturen und die hohe Luftfeuchtigkeit nicht bewältigte, sodass zu dem mulmigen Gefühl des sich drehenden

Magens auch noch der subjektiv fehlender Sauerstoff und die stehende Luft kamen.
Irgendwann war dann das Abendessen - Gott sei Dank - vorbei und wir gingen nach draußen an die für Gäste höchste Stelle an Deck, auf das Sonnendeck.

Stellt Euch nun dieses Bild im Dunkeln vor. Wir liegen auf einer Schaumstoffmatten-Wiese und schauen gen Himmel. Ich habe noch nie so viele Sterne gesehen. Selbst dort wo eben noch scheinbar keine Sterne waren, sind plötzlich hunderte. Im Liegen und mit dem von den Sternen angeleuchtetem Mast vor Augen, war die Seekrankheit sofort weg.
Der Wind blies, aber er war sehr warm, so knapp unter 30°C. Das Allerbeste war, dass sich das Schiff mit der Zeit nicht mehr zu bewegen schien.

Der Sternenhimmel schwankte nur noch um den Mast hin und her. Ein tolles Bild, ich könnte das stundenlang genießen! Nach einiger Zeit filterte das Gehirn auch die Geräusche des Windes heraus. Es schien ganz ruhig zu sein. Es war fabelhaft.
Wir beschlossen, heute draußen auf dem Deck zu schlafen. Lucas besorgte uns noch passende Kleidung und für jeden drei Handtücher, und wir schliefen im wahrsten Sinne des Wortes selig bis zum Morgengrauen.
Es war für mich auf jeden Fall eine der schönsten Nächte meines Lebens.
Irgendwann nachts gesellte sich eine Frau im Abstand von nur einem Meter zu uns auf die Schlafwiese. Nach dem Morgengrauen raunte sie noch leise „tschüs“ und verschwand wieder.
Mittags stand sie hinter uns in der kurzen Schlange am Büfett, und ich sagte:
„Ist doch toll, so eine Nacht an Deck, nicht wahr?“
Aber sie reagierte nicht auf meine Anmerkung und fragte ablenkend:
„Was gibt es denn heute zu essen?“
Da fiel mir der Mann hinter ihr auf, der wohl zu ihr gehörte. Na toll, dachte ich, da bin ich ja wieder voll ins Fettnäpfchen getreten. Gott sei Dank hatte Lucas das Gespräch übernommen und es in völlig unverfängliche Bahnen gelenkt.
Ich musste mich abwenden, denn mir wurde klar, dass der Mann wohl nicht mitbekommen sollte, dass sie „außerkabinig“ geschlafen hatte.

Mein Lächeln konnte ich gerade noch so verbergen, meine angeröteten Ohren begründete ich für mich selbst einfach mit einem Sonnenbrand. Ich nahm meinen Teller und setzte mich so weit weg wie möglich.
Am nächsten Tag erreichten wir Havanna.

Ja, und irgendwann morgens war dort diese Hafenmauer mit den verfallenen Hafengebäuden. Wir waren in Kuba angekommen. Beim Anblick dieser Hafenmauer, und etwas anderes war im Moment nicht zu sehen, fragte ich mich, ob ich das wirklich vier Wochen lang haben wolle: Alte, verfallene, bestimmt zum Teil irgendwann einmal schöne Häuser, egal, es war zu spät, würde wohl nicht so schlimm werden.
Genau das Gegenteil tritt ein. Wir machten organisierte Fußtouren durch das alte Havanna,

dieser Perle der Karibik, wie Havanna auch genannt wird, und ich war total begeistert.
Das lag auch, wie so häufig, an meiner niedrigen Erwartung. Ein Großteil der Altstadt ist wieder aufgebaut, restauriert oder in Arbeit.
Da wo Havanna bereits restauriert wurde, gehört es für mich zu den zehn schönsten und beeindrucktesten Städten der Welt.
Dank finanzieller Mittel der UNESCO kann in der Altstadt fast alles vor dem Verfall gerettet werden. Überall sind Baumaßnahmen im Gange, und ich konnte keine großen Fehler beim Restaurieren oder Wiederaufbau erkennen. Toll, richtig toll!
Am Abend wurden wir mit den für Kuba so typischen alten Ami-Straßenkreuzern zuerst ins Hotel „National" und später ins berühmte „Tropicana“, ein riesiges Freiluft-Varieté kutschiert. Diese Autos, und es gibt noch tausende davon, sind mindestens so alt wie die Revolution - also 55 Jahre und älter - und aus Mangel an Alternativen, wohl seitdem pausenlos im Einsatz. Hier ist ein fahrendes Autoliebhaberparadies! Die 40iger und 50iger Jahre haben so viele schöne Autos hervorgebracht, und hier kann man sie überall bewundern, wie sie in den Straßen federn und hupen - echt klasse!
Wenn man da so als Neuzeitmensch des späten zwanzigsten Jahrhunderts eine dieser Fahrzeugtüren zuschlägt, wie man das halt so gewohnt ist, dann bekommt der Fahrer, der in der Regel auch der Eigentümer ist, einen

Gesichtsausdruck, als ob man mit einer Gabel gerade zwischen seinen Zähnen herumstochere. Ja, ich habe die Autotür unfachmännisch zugeschlagen, aber muss man deswegen gleich körperliche Schmerzen erleiden?
Diese Autos hier müssen im Laufe der Jahrzehnte viel Zuwendung erfahren haben, um so lange funktionstüchtig zu bleiben. Darauf könnte so manche Frau eifersüchtig sein.
Die Fahrt in diesen Schlachtschiffen aus vergangenen Tagen war dann nicht ganz so komfortabel wie gedacht. Wenn man über die reichlich vorhandenen Schlaglöcher fuhr, hörte sich das an, als ob vorne und hinten große Holztruhen mit losem Werkzeug samt Schraubstock transportiert würden (was vermutlich zum Teil auch der Fall war). Es rumpelte und quietschte aus und in allen Ecken, aber dennoch war es ein tolles Gefühl auf diese Art durch das alte Havanna zu fahren.
Als ich dann so meine Arme über die Lederrücksitzbank ausbreitete, dachte ich an Al Capone und bekam eine Vorstellung davon, wie es wohl vor 60 Jahren war, durch Havanna zu fahren.
Abends im Tropicana sahen wir keine Einheimischen im Publikum, diese können sich den Eintrittspreis nicht leisten. Es war ein komisches Gefühl, auf einer Veranstaltung zu sein, die ausschließlich für Touristen gemacht ist.
Zur Begrüßung gab es für jeden Mann eine Zigarre und für jede Frau eine Rose. Serviert

wurde pro „Paar“ eine Flasche Rum und viel Cola. Mit zunehmendem Alkoholkonsum wurde das Publikum lockerer und zur tollen Show stieg die Stimmung. Kuba sagt man im Allgemeinen nach, für guten Tanz, guten Rum und guten Zigarren zu stehen, und diese Show zeigte dann auch noch viel nackte Haut und Akrobatik der Extraklasse.
Im zweiten Teil der Show bekamen wir dann noch etwas typisch „sozialistisches“ zu Gesicht, und zwar in Form eines - na sagen wir mal - Snacktellers. Dieser bestand aus undefinierbaren Streifen von Presswurst und Presskäse. Wir, und viele andere auch, zogen es vor, die Finger von diesem Undefinierbaren zu lassen.
Andere versuchten, eine für uns unerwartet auftretende streunende Katze damit zu füttern, die aber die Wurst auch nicht fraß, dafür aber den Tänzern die Show stahl. Diese Katze war in dieser Situation wirklich zu komisch: Stellt Euch vor, die Akteure singen und tanzen, eine Katze betritt den breiten Gang, auf dem auch ein Teil der Show stattfindet.
Dann wird ihr Wurst zugeworfen, was natürlich noch mehr Aufmerksamkeit erzeugt.
Es schien so, als ob auch die Akteure auf der Bühne auf diese Katze schielten. Und was macht die Katze? Sie mag die Wurst auch nicht! Aber damit nicht genug, sie schüttelt sich geradezu, nachdem sie daran geleckt hat. Es wirkte fast so, als ob sie eine Gänsehaut von der

Wurst bekäme. Zu komisch! Die Katze war echt klasse. Man sollte sie ins Programm nehmen!
Ganz zum Schluss mussten Lucas und ich uns noch Tänzerinnen ergeben, die gekonnt Touristen zum Mittanzen auf die Bühne holten. Ausgerechnet wir, die nun wirklich geübt im „Nein“ sagen waren, mussten mit auf den besagten breiten Gang und wurden von den Tänzerinnen im wahrsten Sinne des Wortes in die Tanzfiguren geschoben. Da war nicht viel mit improvisieren, die Mädels hatten richtig Kraft und führten uns gnadenlos.
Ihr ahnt sicher, wie oft wir in unserem Leben schon lateinamerikanischen Showtanz auf der Bühne absolviert haben. Richtig, Nie! Es brachte trotzdem richtig Spaß. Kuba hatte heute einen guten Start hingelegt.
Ich war vom Rum angetrunken und gut drauf, als wir in den bereitgestellten Bus einsteigen sollten. Es war, welch Überraschung, ein Bus aus chinesischer Produktion.
Ich wollte sofort in den Nachbarbus umsteigen, aber der war auch chinesischer Herkunft und wisst Ihr, wie der hieß? Ganz einfach haben es sich unsere einfallsreichen chinesischen Funktionäre die Namensgebung gemacht: „Volksbus"! Ein Schelm, wer dabei an den derzeit erfolgreichsten Autobauer in China denkt. Na ja, wir sahen das mangels Alternative als Kompliment und stiegen doch ein. Im Bus ging die Party weiter, denn alle hatten die halbvollen Rumflaschen mitgekommen. Wir waren nicht mit von der Partie. Zum einen hatten wir genug und

zum anderen feiere ich nicht gerne unter kaltem Halogen-Licht.
Am nächsten Morgen war unsere gebuchte Reise zu Ende. Wir schifften aus und waren auf uns alleine gestellt. Meine Bedenken waren zum Teil verflogen und abends gingen Lucas und ich mit unserer verbliebenen Rumflasche und ein paar Cola Dosen im Rucksack an den Malecón, der Uferpromenade Havannas. Hier am Atlantik genießen viele Kubaner den Abend und feiern zum Teil auch. Für uns war es nicht immer leicht zu unterscheiden, ob wir nun nur lockere ausgelassene kubanische Lebensart oder schon Party erlebten, aber die Übergänge sind da fließend.
Es war circa 26°C warm und es wehte kaum ein Lüftchen. So in etwa stelle ich mir einen Sommerabend im Italien der 60iger Jahren vor,
als die jungen Leute die Abende auf den Straßen verbrachten, weil es zuhause zu eng und zu wenig intim war.
Hier auf dem Malecón kamen wir schnell ins Gespräch.
Ein farbiger Kubaner erzählte uns von seinen Schwierigkeiten ein Studium zu absolvieren. Nach einer Weile kamen Straßenmusikanten und machten noch mehr Stimmung. Irgendwann wurde offensichtlich, dass sie solange blieben, bis sie etwas Geld von uns, den einzigen Ausländern, bekamen. Wir hatten noch kein über die Informationen im Reiseführer hinausgehendes Verständnis von der Wertigkeit der beiden Parallelwährungen (Peso National

und konvertierbarer Peso, genannt CUC). Fünf CUC für zwei oder drei Musiktitel entsprachen mehr als dem Wocheneinkommen eines Lehrers. Obwohl wir auch Cola und Rum anboten, waren unsere Gesprächspartner damit sehr zurückhaltend.
Es folgten zahlreiche interessante Gespräche, deren Inhalt, Sinn und Zweck wir nicht immer gleich zuordnen konnten. So erzählte der Schwarze von seiner Asthma-Erkrankung und davon, dass er nur hier in Havanna das Asthmaspray bekäme, was er dringend benötigte. Nicht etwa kostenfrei, sondern nur gegen CUC. Immerhin durfte er aus diesem Grunde nach Havanna ziehen.
Nach einer Weile kamen dann die Musiker zurück, und der Kopf der Band fing an zu erzählen, dass die Polizei sehr darauf achte, dass Kubaner nicht die Touristen ansprechen.
Es soll sogar ein Gesetz geben, das dieses verbietet.
Er selber sei aus Santiago de Cuba und habe keine Aufenthaltsgenehmigung für Havanna, was ihn für die Polizei leicht erpressbar mache. Er zeigte uns einen zwei Tage alten Strafzettel, wegen wiederholten illegalen Antreffens in Havanna. Da er keine Anstalten gemacht hatte, den Polizisten zu schmieren, wurde ihm eine Geldstrafe von 1.000 Pesos (40US$) auferlegt. Plötzlich wurden wir mitten ins sozialistische Kuba katapultiert, na ja, wir wussten, dass wir hier auf große Widersprüche treffen würden.

Wenn man nicht zahlen könne, so seine Aussage, muss man für je 100 Pesos einen Tag ins Gefängnis. Das wären in seinem Falle also zehn Tage gewesen. Wir haben dem farbigen Studenten noch 5 CUC für sein Asthmaspray gegeben und sind mit dem Musiker noch um die Ecke zu einem Kiosk gezogen, wo junge Menschen der Musik einer für sie unbezahlbaren benachbarten Diskothek lauschen und so preiswert einen schönen diskoähnlichem Abend verbringen konnten. Bis die Polizei kam! Plötzlich wandten sich alle Kubaner deutlich von uns ab, auch jene, die nichts mit uns zu tun hatten.

Niemand wollte in der Nähe von Ausländern stehen. Ungefähr zwei Meter von uns entfernt stand ein Junge von vielleicht neunzehn Jahren. Seinen Fuß hatte er aufrecht an eine nicht wirklich saubere Wand gestellt.

Die beiden Polizisten zog es mit verbiesterter Miene zu ihm, er musste seine Ausweise vorzeigen, die dann per Funk zehn Minuten lang überprüft wurden. Jetzt herrschte hier eisige Stimmung und man konnte die Macht der Polizei fast mit den Händen greifen. Die Kubaner kuschten, nur der, den sie am Wickel hatten, war recht aufrecht. Da wohl alles mit seinen Papieren in Ordnung war, musste er für den aufrecht stehenden Fuß 6 Pesos (=20 US-Cents) Strafe zahlen, was er ohne Gefühlsregung tat.

Harte Sitten, dachte ich, und fragte mich, ob die Polizei, ob der Staat, sich mit solchen wohl einen Gefallen tat.
Danach war es übrigens wieder ein recht ausgelassener Abend. So schnell ließen sich die Kubaner die Laune und den Abend nicht verderben.
Beim Frühstück diskutieren Lucas und ich über die Revolution und resümierten, dass es vor 55 Jahren sehr wohl gute Gründe für eine Revolution gab: Rassendiskriminierung, Korruption und Prostitution um nur drei zu nennen.
Einig waren wir uns auch, dass der Sozialismus die Träume von damals nicht erfüllen konnte. Mit einigen Bedenken und Zweifeln im Hinterkopf machten wir uns am nächsten Tag auf den Weg in das Landesinnere.
An der Leihwagenstation (nur für Ausländer) erhielten wir die scheinbar gute Nachricht, dass wir ein Upgrade bekommen sollten. Statt des gebuchten Kleinwagens der Marke „Kia" (Korea)(Süd-Korea!) bekamen wir einen Mittelklassewagen der Marke „Geely". Einen bitte was? Ein Geely ist ein, dreimal dürft Ihr raten, chinesischer Wagen. Gratulation! Gleich beim ersten Versuch richtig geraten!

Die Kombination ich und chinesisches Auto ist wie Knoblauch und Dracula. Ich fühlte mich so wie die Katze oben nach der Wurst.
Lucas und ich diskutierten, ob wir das Upgrade wieder rückgängig machen sollten, aber Lucas überzeugte mich, dass der große Kofferraum Vorteile hat.
Na ja, dass der Tag kommen würde, an dem ich in ein chinesisches Auto steigen müsste, war klar. Nur, dass dies so plötzlich und schnell kam hatte ich nicht erwartet. Früher oder später wird es Euch auch so gehen!
Ich saß also am Lenkrad und begann sofort, mich über dieses Auto zu ärgern. Das Logo: Es sieht aus wie eine Mischung aus dem Logo von BMW und ADIDAS.
Um eins klar zu stellen, ich habe nichts gegen Chinesen, wohl aber gegen die gnadenlosen

Entscheidungsträger, die alles kopieren und keine eigenen Ideen haben. Und vorwegnehmen möchte ich auch, dass der „Geely“ für kubanische Straßenverhältnisse genauso ausreichend oder unzureichend ist wie ein koreanisches Auto. Wenn das chinesische dann deutlich billiger ist, hat es wohl auch seine Marktberechtigung.

Wohl und sicher habe ich mich die ganze Zeit nicht gefühlt. Einmal hat die Bremse versagt. Das ist ein starkes Gefühl, wenn man die Bremse bis aufs Bodenblech durchdrückt und keinen Widerstand verspürt. Es ist, als setze das Herz aus!
Beim sofortigen zweiten Versuch funktionierte die Bremse aber doch und zwar einwandfrei. Dann begann das Herz auch wieder zu schlagen, wenn auch im Hals. Meine Achseln waren schlagartig nass. Was weiß ich, warum die Bremse aussetzte.
Lucas zog in Betracht, dass die Bremsflüssigkeit rationiert sein könnte, was wir beide komisch fanden.
In der nächsten Mail geht es raus aus Havanna, und wie so oft, ist das Land so ganz anders als die große Hauptstadt.

21. Von wegen Weltreisen!

„Was hast Du auf Deiner Weltreise gelernt?" So oder ähnlich lauteten Fragen, auf die ich nicht vorbereitet war, und die auch unendlich schwer zu beantworten sind.
Auf viele einfache Antworten hätte ich ein: „Dafür muss man nicht auf Weltreise gehen" erwidert bekommen.
Und, hätten die Fragenden recht?
Muss man nicht auf eine Weltreise gehen, um zu erfahren, wie laut ein Schiff in einem Taifun knarrt, wie schön die Wolken während des Monsuns sind, wie das Hochland Mittelamerikas riecht, wie Essen in Indien schmeckt, wie sehr der Mond im Nachthimmel
schwanken kann, wie ein Fell kratzen kann, wenn man meint, es sei das eines Hundes, wie romantisch ostkanadische Küsten in langen Sommernächten sein können, wie der heiße arabische Sand im Sturm auf der Haut brennt und wie himmlisch es sein kann, wenn man über das Himalaja Gebirge fliegt?
Auf unserer Weltreise baute sich über Wochen eine Stimmung auf, in der ich unbefangen, spielerisch und munter Dinge erleben konnte. Diese Stimmung blieb über Monate. Sie ist es auch, die ich so schwer in Worte fassen kann! Man reist irgendwann nicht mehr, man fließt.
Lerne ich etwas über mich?
Ich weiß es nicht! Ich bin manchmal ein Kindskopf, neige zu Albernheiten. Für diese

Erkenntnis muss man nicht auf eine Weltreise gehen!
Lerne ich etwas über Lucas?
Lernen wir etwas über uns?
Es bestätigt sich eigentlich nur das, was ich vorher schon wusste.
Und doch gibt es etwas Neues, und das fing mit einem Satz meiner Mutter an: „Junge, was Du da machst ist der Traum so vieler Menschen! Mach was daraus! Schreibe!“
Später sagten mir Freunde, ich sollte ein Buch schreiben.
Um der Erkenntnisse wegen muss man wohl nicht um die Welt reisen. Ein Glas Wasser kann ausreichen, um einen Ozean und ein Sandkorn, um eine Wüste zu erklären.
Auf die Frage, was ich auf der Weltreise gelernt habe, müsste ich eigentlich antworten, dass ich keine besondere Erkenntnis, keine Erleuchtung mitbringe, aber der Weg durch die Welt unbeschreiblich schön ist. Man braucht dafür Zeit und innere Ruhe und seine Sinnesorgane. Kein Fernseher, kein Buch und erst recht kein Bericht auf einer Party kann das vermitteln.
Sehr viel Wind ist noch kein Taifun, und sehr viel Sand noch kein arabischer Sandsturm. Man muss schon selber gehen, niemand wird einem diese Weltreisestimmung auf einem Tablett servieren.
Französisch wollte ich sprechen und Malen wollte ich können.
Ein Buch ist es geworden.

XXI. Kuba

„Rote Langusten“

Bevor Ihr weiter lest, solltet Ihr eine CD mit kubanischer Musik einlegen.
Kuba ist Musik. Kubanische Musik werden wir den ganzen Urlaub hören. Los geht es!
Wir verließen Havanna in Richtung Vinales. Unser Auto Marke Geely war eine richtige Klapperkiste. 35.000 km auf dem Tacho, gefühlte 350.000 km und fast nichts funktionierte. Ich war sicher, dass die hässlichen, kantigen 35 Jahre alten Ladas, die uns überholten, von besserer Qualität waren.
Wir hatten einen kubanischen Judolehrer mitgenommen, der in die Nähe von Vinales wollte und Gott sei Dank ortskundig war.

Straßenbeschilderungen waren nur rudimentär vorhanden und wir hätten die schöne Küstenstraße ohne ihn nie gefunden. Er wollte uns die Gegend zeigen und eine Unterkunft bei Bekannten vermitteln, die ein Casa Particular, eine staatlich lizenzierte Privatunterkunft betrieben. Kubaner sind wahre Meister im Vermitteln. Es gibt schlichtweg gar nichts, was nicht irgendwie vermittelt werden kann.
Yo, unser Judolehrer, wird nur sechs Monate im Jahr beschäftigt. 25 CUC, etwa 18 Euro, verdient er pro Monat … , wenn er denn arbeiten darf. Ich rechnete kurz: 25 CUC x 6 = 150 CUC, etwa 108 Euro im Jahr.
Davon konnte man nicht leben und nicht sterben, dachte ich, aber Yo sang die ganze Zeit lautstark zu unserer kubanischen CD, denn unser Geely hatte einen funktionierenden CD-Player. Manchmal hatte Yo einen so lauten Einsatz, dass der vor ihm sitzende Lucas richtig zusammenzuckte. Wir hatten eine schöne Stimmung im Auto, so richtig Kuba pur.
Vinales und Umgebung waren so kubanisch, wie ich es mir vorgestellt hatte: Heiße Sonne, rote Erde, Tabakfelder und Strukturen, die sich seit der Revolution kaum verändert haben dürften.
Eine richtige Zeitreise! Nicht nur, dass die Zeit hier stehen geblieben zu sein schien, sie schien auch viel langsamer zu vergehen.
Wir fuhren Yo nach Hause, in ein kleines Dorf am Meer, das wohl früher einmal ein Urlaubsgebiet war. Er wohnte bei seiner

Großmutter, die bei unserer Ankunft gerade den Terrassenfußboden wischte. Irgendwie scheinen ältere Frauen in Kuba immer gerade den Terrassenfußboden zu wischen. Wir durften kurz in das Haus hineinsehen.
Es war äußerst einfach, ein Flachdachhaus mit überdachter Terrasse. Viel stand nicht darin.
Alles was teurer aussah, waren Gaben von Vater Staat, der, nachdem er alles an sich gerissen hatte, entschied, wer was „geschenkt“ bekam.
Ich sah einen Fernseher, einen Reiskocher, einen Ventilator und alte Lampen mit nicht dazu passenden, hässlichen Energiesparbirnen.
Der Rest war recht armselig, wie ein scheinbar selbst gebauter Tisch, der irgendwie symbolisch für Kuba war. Entweder man hatte schon einen vor der Revolution, dann hegte und pflegte man ihn, oder man baute sich selbst einen. Oder man hat eben keinen.
Ich fing an, mir eine Geschichte zusammenzureimen: Vermutlich wohnten diese Frau und ihre Familie vor der Revolution nicht im Zentrum des Dorfes. Farbige waren vor der Revolution in der Regel „nur“ zur Feldarbeit bei den hellhäutigen Großgrundbesitzern vorgesehen. Diese gesellschaftlichen Rassenunterschiede waren ja ein Hauptgrund für die Revolution. Als die Familie von Yo`s Großmutter das Haus nach der Revolution vom Staat zugewiesen bekam, war es vermutlich leer, und das bisschen Geld hatte immer nur zum Überleben gereicht.

Wir blieben zwei Nächte im vermittelten Casa Particular und waren froh, dass Yo in irgendeiner Weise von der Empfehlung profitierte.
Wir gaben seiner Großmutter zwei Tüten Schmutzwäsche, die sie für sechs CUC wusch (?) und bügelte. Das ist fast eine Monatsrente.

Die Infrastruktur im Dorf ist, wie fast überall, weitestgehend verfallen. Trotzdem hat dieser Ort etwas. Ich bin mir nicht ganz sicher, was es ist, vielleicht ist es dieses zu viel an Patina, diese für uns Westler unter den gegebenen Bedingungen kaum nachvollziehbare Lebenslust der Menschen, dieses „Trotzen“ und die wirklich schöne Landschaft.
Wir blieben bis nach dem Sonnenuntergang am Meer und stellten dann ganz überrascht fest, wie dunkel dieser Ort nachts war. Wir fanden kaum

zu unserer Bleibe zurück und auf dem Weg meldeten zahllose Hunde alle möglichen Besitzstände durch lautes Bellen an.
Zurück im Casa Particular wurden uns die zuvor bestellten Langusten in einer Art Gartenlaube serviert. Sie waren frisch und lecker und bei einem Preis von zwölf CUC pro Portion (neun Euro) beschlossen Lucas und ich ab sofort in Kuba nur noch Langusten zu essen.
Nach dem gemeinsamen Essen mit Yo wurde ihm, obwohl Freund des Hauses, sehr deutlich gesagt, dass er jetzt gehen müsse. Kubaner dürfen keinen nicht staatlich autorisierten Kontakt zu Ausländern haben, und die Inhaber fürchteten wohl um ihre Lizenz.
Am nächsten Tag zeigte uns Yo Vinales und die wirklich schöne Berglandschaft. Wir besichtigten beeindruckende Höhlen und verpassten leider einen Hahnenkampf. Die „Streithähne“ werden per Taxi zum Austragungsort transportiert, aber höchstens einer kehrt zurück. Kubaner lieben diese fragwürdige Sportart.
Am nächsten Morgen ging weiter es nach Cienfuegos. Nachdem die Franzosen von Kubas Nachbarinsel „Espanola“ (heute Haiti und Dominikanische Republik) durch einen Sklavenaufstand vertrieben wurden, ließen sie sich hier nieder und prägten das Stadtbild.
Aus dem Garten einer schönen Villa an einer kleinen Uferpromenade winkte mich eine Frau heran.
Sie erzählte mir, dass Fidel Castro hier früher seinen Urlaub verbrachte, und das ich, gegen

ein kleines Entgelt, versteht sich, das Haus besichtigen könne. Da Lucas beim Spazierengehen etwas zurückgefallen war, lehnte ich erst einmal ab. Wir kamen ins Gespräch und nach einer kurzen Weile (auf Lucas zu warten dauert immer länger als nur eine kurze Weile) bat sie mich, einen Brief mit nach Deutschland zu nehmen. Irgendwie kam mir das komisch vor, und ich lehnte erneut ab.

Später bereute ich meine Ablehnung. Eine Besichtigung von Fidels Urlaubsdomizil wäre, wenn sicher auch unzulässig, bestimmt interessant gewesen, und vielleicht hätte ich durch die Mitnahme eines Briefes jemandem helfen können, dem keine ausreichende Hilfe gewährt wurde. Ich habe mich lange über meine Reaktion geärgert und mir vorgenommen, beim nächsten Mal anders zu reagieren. Leider hat man im Leben selten eine zweite Chance.

Zurück im Zentrum entdeckten wir einen äußerlich recht attraktiv wirkenden Laden, in dem man gegen Lebensmittelmarken und für kubanische Pesos billig Grundnahrungsmittel kaufen konnte.
Der ältere Kubaner vorne im Bild hatte gegen Marken drei Brötchen in die Hand bekommen. Der Verkäufer wiederum trug alles in ein Buch ein und ich gehe davon aus, dass mindestens noch einmal von einem Dritten überprüft wurde, ob auch alles seinen sozialistischen Gang genommen hatte. Die Regale waren leer. Außer Brötchen waren im Programm: Scharniere, Babyflaschen, Zahnbürsten und Plastikeimer. Das System der Lebensmittelmarken läuft übrigens langsam aus, nicht aus Einsicht, sondern aus wirtschaftlicher Not.
Völlig offen bleibt, wie Kubaner mit einem Durchschnittseinkommen im Gegenwert von 15 -

25 CUC im Monat (ca. 12 bis 18 Euro) und Rentner mit 7 CUC noch überleben sollen.
Ausreichend hingegen ist die Versorgung in Läden, in denen es Waren gegen konvertierbare Währung gibt. Seife oder Speiseöl z.B. gelten hier als „Luxusgüter“, und die gibt es nur gegen CUC.
Das Preisniveau entspricht etwa dem Europas, allerdings für eine Qualität, die dort nur schwer verkäuflich sein dürfte. Der Verbraucher hat keine Wahl und keinen Vergleich und zahlt den viel zu hohen Preis. Einkaufen können in einem CUC-Laden, also in einem Devisengeschäft, nur Privilegierte, Kubaner mit Deviseneinnahmen und/oder Verwandten im kapitalistischen Ausland.

Am nächsten Tag machten wir noch einen längeren Spaziergang durch die Stadt, und wie so häufig wurde es plötzlich zu heiß.
Wir bestiegen ein Fahrradtaxi zurück zu unserer Bleibe, und der Fahrer erzählte uns, dass er mehrfacher Weltmeister, aber leider kein Olympiasieger sei. Seine zweite Chance, Los Angeles 1984, wurde vom Ostblock boykottiert.
Weltmeister dürfen staatliche Fahrradtaxis fahren und bekommen so (Devisen-) Trinkgeld. Olympiasieger bekommen eine Wohnung oder ein Haus und dürfen an Touristen vermieten. Das sozialistische Vaterland sorgt für seine Helden.
Es sind diese kleinen Geschichten, die Kuba als Reiseland so anders machen, die man manchmal kaum glauben mag und die vermutlich dennoch meistens wahr sind.
Später, auf dem Weg nach Trinidad, sahen wir einen jungen Arzt in OP-Kleidung und mit Stethoskop um den Hals neben vielen anderen winkend am Straßenrand stehen. Er hoffte wohl, so bevorzugt mitgenommen zu werden. Der Bus nach Trinidad war ausgefallen und der nächste fuhr erst abends. Leider hatten wir keinen Platz mehr im Auto, wir hätten uns gerne mit ihm unterhalten.
Wenn er Glück hat, darf er irgendwann ins Bruderland Venezuela. Dort herrscht Ärztemangel.
Von dort könnte er dann nach drei Jahren mit Flachbildschirmfernseher und vielleicht sogar Gebraucht- PKW nach Kuba zurückkehren und

bekäme vielleicht eine Neubauwohnung am Stadtrand zugeteilt. Pässe und Gehalt werden vorsichtshalber bis zur Rückkehr nach Kuba einbehalten.

Und dann Trinidad! Was für eine romantische Stadt. Ein Eldorado für Frischverliebte. Der Revolution sei Dank, mussten wir Trinidad nicht, wie Mykonos oder Venedig, mit zigtausend anderen Touristen teilen.
In der Altstadt gibt es nur wenige Hotels. Diese liegen zumeist am Strand, und so kommen die Touristenscharen nur tagsüber in die Stadt und kehren rechtzeitig zum „All Inclusive Dinner" in ihre Hotelburgen zurück.

Wenn man also als Pauschaltourist nicht bereit ist, auf sein bereits bezahltes Abendessen zu

verzichten, und stattdessen mit dem Taxi in die Stadt zu fahren, wird man den romantischsten Teil Trinidads nicht erleben. Genau das passiert den meisten Pauschaltouristen und zwar auf ganz Kuba. Sie verpassen die romantischen lauen Abende mit Straßenmusik und streunenden Katzen. Gut für die Wenigen, die es anders machen. Es erwarten sie schwach besuchte Restaurants in Bestlage, die, der Revolution sei wieder einmal Dank, scheinbar keinen Gewinn erwirtschaften müssen.

Nein, die Planwirtschaft floriert nicht, dafür aber ein anderer „Exportschlager“: Ehefrauen und -männer! Und dabei helfen Mutter Natur und die sozialistische Revolution!
Es wird nicht nur viel gebaggert, es wird sehr viel gebaggert! Auch ein Altersunterschied von mehreren Jahrzehnten ist kein Hinderungsgrund! Die gebräunten Körper der Nachfahren von Spaniern, Italienern, Franzosen und Afrikanern, die sich auf Kuba mehr gemischt haben als anderswo, sind nicht nur hübsch, sondern auch auffällig gut proportioniert.
Insbesondere die Hinterteile sind eine Augenweide nicht nur für und bei jungen Frauen. Und die sozialistische Mangelversorgung hat ein Verfetten bisher verhindern können. Des Weiteren hat sie dazu geführt, dass vorwiegend junge Menschen eigentlich nur eins wollen: Raus!

Auch in unserem Casa Particular werden uns auffallend viele Töchter und Nichten vorgestellt, alle super herausgeputzt mit sommerlich freizügigem Dekolleté, und stets freundlich lächelnd.

Unsere Gastgeberin erzählt uns eine Geschichte, die wir im Laufe unserer Reise in ähnlicher Form noch häufiger hören werden:

Die Verwandte / Bekannte XY hatte das Glück, einen Kanadier / Puerto-Ricaner / Spanier kennen zu lernen, und dann haben sie geheiratet.

Dabei bekommen die Erzählenden einen ganz verklärten Gesichtsausdruck und freuen sich stellvertretend für die Glückliche und deren Familie, denn die muss fortan mitversorgt werden. Hier hört die Geschichte oft auf, also ausgerechnet an der Stelle, wo sie bei mir anfangen würde.

In der Nacht kam dann die besagte Ausgereiste mit Ehemann und tonnenweise Gastgeschenken aus Costa Rica zu Besuch, und mindestens zwei Familien feierten die ganze Nacht durch.
Aber das kannten wir ja schon: Kuba ist immer auch Musik, laute Musik, mit klasse Rhythmus.
Am nächsten Morgen entschuldigte man sich halbherzig für die Party, und wir sahen auch das Pärchen. Er war geschätzte 55 Jahre alt, nicht unsympathisch, aber eben 30 Jahre älter als seine kubanische Frau. Sie wirkte irgendwie erhaben.
Nach zwei Tagen ging es weiter nach Camaguey.
Die Altstadt, in der unser Casa Particular lag, wurde einst so gestaltet, dass Seeräuber sich verlaufen sollten, denn damals gab es wohl noch was zu holen.
Damit nicht genug, ist auch die heutige Straßenführung total unlogisch: Drei Einbahnstraßen führen in die gleiche Richtung nach rechts. In Richtung Altstadt, nach links darf man gar nicht. Ein Fest für Nepper und Schlepper, die mit Fahrrad bewaffnet Jagd auf verzweifelte Touristenautos machen. Provision ist alles! Noch keine Bleibe für die Nacht? Die Tante hat zufällig noch etwas frei! Noch kein Restaurant für den Abend? Die beste Küche wird als Geheimtipp vermarktet.
Auch wir hatten ab Einfahrt in die Altstadt gleich einen Begleiter, der uns bei erster Gelegenheit durch das geschlossene Autofenster seine

Dienste anbot und fortan nicht mehr von unserer Seite wich. Unser Reiseführer lag gut sichtbar vor der Windschutzscheibe und war mit „Kuba" (Kuba mit K!) betitelt, und so wurden wir auch gleich auf Deutsch angesprochen.
Fünf verzweifelte Minuten später willigten wir schließlich ein und ließen uns zu dem, von uns nach Reiseführer ausgewählten Casa Particular führen. Dieses war - wie so oft - ausgebucht und dann schlug seine Stunde.
Er führte uns zunächst zum Casa Particular seiner „Schwester“, welches auch ausgebucht war und dann zum Casa Particular seines „Onkels“. Auch dort war kein Zimmer mehr frei. Der nächste Versuch bei seiner „Tante“ war schließlich erfolgreich und wir hatten eine Unterkunft für die Nacht und unser Führer seine Provision.
Eigentlich sind diese Schlepper ganz nützlich, sie kümmern sich um die Touristen und gleichen einen Mangel an Informationen aus. Sie sind also so eine Art Informationsvermittler und ich fand, dass einige von ihnen ihren Job irgendwie auch recht sympathisch ausübten. Trotzdem, es hat eben immer etwas von Schlepperwesen an sich, was ich partout nicht leiden kann. Unser Reiseführer „KUBA“ führte dazu, dass uns am Abend auch ein weiterer Kubaner in fast perfektem Deutsch ansprach. Er erzählte uns, dass er in Jena zum Optiker ausgebildet wurde und zehn Jahre in der DDR gelebt hatte. Hier auf Kuba gäbe es jetzt keinen Bedarf mehr für Optiker. Er wollte mit uns „auf ein Bier“ gehen,

aber wir lehnten ab. Wir bevorzugten unsere Zweisamkeit und auf Programm hatten wir keine Lust. Trotzdem tat er mir leid. Viele Kubaner haben ihren Job beim einzigen Arbeitgeber, dem Staat, verloren und müssen nun zusehen, wie sie klar kommen.

Unsere Reiseroute wich jetzt merklich vom üblichen Weg ab. Wir fuhren die Nordküste entlang, Richtung Osten. Touristen sind hier nicht vorgesehen, denn wir näherten uns einem Gebiet, in dem Kupfer abgebaut wird.

Wie aus dem Nichts stießen wir auf einen kurzen, breiten Autobahnabschnitt, der offensichtlich nur für LKWs gebaut wurde, die das Kupfer zum Hafen transportieren. Wir durchquerten einen mehrere quadrat-kilometergroßen Landstrich, der scheinbar total

vergiftet ist. Die Bilder werden der gruseligen Realität nicht gerecht. Giftgrün ist die vorherrschende Farbe. Schilder am Wegesrand verbieten das Fotografieren. Wenn Umweltschutz so einfach wäre!

Unsere Reise Richtung Osten wurde zunehmend mühsamer. Die Straße, immerhin eine Hauptroute Kubas, ist ungeteert und erfordert hohe Konzentration, um beim Umfahren der vorherrschenden Schlaglöcher nicht Achsbruch zu erleiden.
An diesem Tag begegneten uns nur zwei Autos, und wir kamen uns vor wie Pioniere des Ungewissen.
Wir beobachteten einsame Reiter am Wegesrand, Cowboys, die mit Unterstützung trainierter Hunde entlaufene Kühe einfingen und Menschen mehrerer Generationen, vereint auf Pferde- oder Büffelgespannen, die regen Konversationen nachgingen.
Menschen, die alle Zeit der Welt haben, auch, weil sie sonst einfach nichts zu tun haben. Alle Zeit einer anderen Welt, einer Welt so fern unserer westlichen, in der time money ist.

Manchmal, wenn auch nur für kurze Zeit, erwischte ich mich dabei, mit diesen Menschen tauschen zu wollen.

Vermutlich verklärte Erinnerungen an meine Kindheit wurden wach und ich sehnte mich danach, in diese scheinbare Vergangenheit einzutauchen. Einfach nur mal rauf auf den Wagen, rauf auf den Pferderücken!

Ich dachte an meine Oma, die mir als Kind so oft von dieser anderen, vielleicht besseren Zeit erzählt hatte.

Die, mit denen ich hier zu tauschen gedachte, kannten kein anderes Leben. Und selbst wenn, vielleicht würden sie gar nicht mit mir tauschen wollen. Sie wären mit meinem Leben genauso überfordert wie ich mit Ihrem, und ich weiß natürlich genau, dass ich kaum noch in der Lage wäre, die Einfachheit und Bodenständigkeit dieses ländlichen Daseins zu genießen, ohne, meiner westlichen Prägung folgend, jedes Tun auf Sinn und Effektivität zu hinterfragen. Vermutlich würde mir auch schon am zweiten Tag meine elektrische Zahnbürste fehlen.

Ein paar Tage später kamen wir nach Guantanamo, besagter Ort aus dem „Guantanamera-Lied" (eine Guantanamera ist eine besungene weibliche Bewohnerin der Stadt) und in unmittelbarer Nähe der ebenfalls bekannten US Militärbasis.
Diese Stadt wird in kaum einem Reiseführer hervorgehoben, und so waren wir doch einigermaßen überrascht von diesem alten, recht gepflegt wirkenden spanisch-karibischen Städtchen, mit dem höchsten Anteil dunkelhäutiger Bevölkerung auf Kuba.
Auch die Infrastruktur machte, zumindest auf den ersten Blick, einen für kubanische Verhältnisse durchaus intakten Eindruck.
Guantanamo fehlen jedoch architektonische Highlights, um mehr Touristen anzuziehen. Woanders wäre es vermutlich ein Touristenmagnet, auf Kuba ist es gerade mal Mittelmaß.
Das wohl hässlichste Detail der Stadt hingegen sind zwei postrevolutionäre Hochhäuser, Plattenbauten sozialistischer Bauart, 12 und 18 Stockwerke hoch, in denen die Fahrstühle schon seit sechs Jahren defekt sind. Was zunächst lustig wirken mag, ist in Wirklichkeit schreckliche Realität für die Betroffenen. Freie Wohnungswahl gehört ja bekanntlich nicht zu

den sozialistischen Errungenschaften, und es ist üblich, dass Familien mit mehreren Generationen in einer Wohnung wohnen bleiben müssen, wo ohnehin winzige Räume lediglich durch einen Vorhang abgeteilt werden. Beim Anblick dieser beiden Häuser dachte ich an die vielen Alten in den oberen Etagen, die ihre Wohnung wohl nur noch sehr selten verlassen können.

Nächstes Ziel war Santiago. Nach Havanna zweitgrößte Stadt Kubas und durchaus sehenswert. Richtig angetan waren wir aber von der Romantik, die wir auf einer kleinen Insel vor der Stadt vorfanden, nachdem wir dort trotz schwerster Bedenken gelandet waren.

Auf Kuba muss man sich früh daran gewöhnen, dass alles verrostet ist und genutzt wird, bis es zusammenfällt, aber auf einer Fähre muss man zusätzlich auch noch ganz fest daran glauben, dass sie hält, wenigstens noch diese eine Überfahrt! Wir sind die einzigen Touristen auf der Fähre. Schon an Bord wurde von verschiedener Seite versucht, uns in private Restaurants zu locken, legale und weniger legale.

Auf dieser Insel scheinen alle vom Fischfang zu leben, und wir folgten einem vergleichsweise solide wirkenden Herrn zu seinem winzigen Restaurant, das er auf dem Dach seines Hauses improvisiert hat.

Selbstverständlich hatten wir uns vorab nach der Verfügbarkeit von Langusten erkundigt. Ja, er hatte welche und selbst wenn er keine gehabt hätte, wären diese schnellstens organisiert worden, genauso schnell, wie die nachgefragte Flasche kubanischen Weins. Man lässt sich hier doch keine seltenen Gäste entgehen!

Geradezu rührend fand ich, dass der Fischer offensichtlich noch nie eine Flasche Wein entkorkt hatte. Er bat mich, ihm das Öffnen zu zeigen.

Die Langusten waren frisch und lecker. Irgendwie fand ich, dass die Langusten zu Kuba passen. Nachdem sie rot sind, stellt man fest, dass sie tot sind.

Wir verbrachten ein paar schöne Stunden auf dem Dach und merkten gar nicht, wie die Zeit verging. Plötzlich versank die Sonne im Meer und wir mussten im Dunkeln zurück auf das Festland fahren. Auf der Fähre stellte ich fest, dass ich in der Dunkelheit gar nicht wüsste, in welche Richtung ich schwimmen sollte, wenn diese jetzt unterginge. Aber glücklicherweise hat sie dann doch noch gehalten.

Santiago war sozusagen Wendepunkt unserer Reise. Nun sollte es möglichst auf alternativer Wegführung zurück nach Havanna gehen. Wir entdeckten auf unserer Karte eine Küstenstraße Richtung Westen, die merkwürdigerweise in keinem Reiseführer erwähnt wurde. Na, das ist doch genau das Richtige für uns und unseren Geely. Zunächst einmal waren wir von der landschaftlichen Schönheit dieser Strecke überrascht, die ich in Anlehnung an die

kalifornische Küstenstraße Kubas Highway No.1 taufte.
Wir hatten die Straße und die schöne Landschaft ganz für uns alleine, worüber wir uns allerdings irgendwann anfingen zu wundern.
Stundenlang fuhren wir die Küste entlang, bergauf, bergab, vorbei an einsamen Stränden, an denen maximal eine Familie badete. Allerdings war es für unser Empfinden so heiß, dass ein Verlassen des Fahrzeuges praktisch ausfiel.
Ich stellte mir vor, wie es hier in 50 Jahren aussehen könnte, denn diese Küste hat Potential. Etwas Bewässerung, ein paar Palmen und Häuser ... Ich träumte schon wieder.

Ach ja, ich vergaß, bessere Straßen wären nicht schlecht, denn der Straßenzustand

verschlechterte sich nun von Kilometer zu Kilometer.

Vier Stunden nach unserer Abfahrt in Santiago erfuhren wir, warum es hier so einsam war. Das, was hier draußen früher noch als Straße vorhanden war, wurde vor einigen Jahren durch einen Hurrikan weitestgehend zerstört und seitdem nicht wieder repariert. Wir konnten oft nur noch Schrittgeschwindigkeit fahren, und plötzlich endete die Straße vor einem eingestürzten Tunnel.
Rechts Berg, links Steinstrand und nun verstanden wir, warum uns seit Stunden kein Auto mehr entgegen gekommen war.

Wir entschieden uns für den Weg über den Strand, denn die einzige Alternative wäre

gewesen, den ganzen Weg nach Santiago zurück zu fahren.
Ganz ungefährlich war unsere Entscheidung nicht, denn hier könnte uns und unserem Geely niemand helfen. Um Gewicht zu reduzieren, stieg ich aus, und überließ es Lucas, das Auto über die großen Steine zu jonglieren. Ich versuchte, ihm aus einer anderen Perspektive Hilfestellung zu geben und musste mit ansehen, wie unser armer Geely immer wieder mit dem Unterboden auf den Steinen aufschlug. Und er tat mir tatsächlich leid.
Stunden später kam es dann noch dicker. Plötzlich standen wir vor einer eingeknickten und gesperrten Brücke. Eine Umleitung war nicht ausgeschildert, lediglich einige LKW-Spuren führten durch den Fluss. Aber das war uns zu riskant, zumal wir niemanden bei der Flussdurchfahrt beobachten konnten.
Es war allerdings zu erkennen, dass offensichtlich bereits andere, kleinere Fahrzeuge vor uns die Absperrung ignoriert hatten und über die Brückenrudimente gefahren waren. Also stieg ich samt Kamera erneut gewichtsreduzierend aus, um den endgültigen Kollaps der Brücke samt Geely und Lucas wenigstens noch für die Nachwelt fotographisch festzuhalten. Die Brücke hielt.
Es war ein komisches Gefühl, über eine Brücke zu fahren, die selbst in Kuba gesperrt wurde.

An diesem Abend fanden wir kein Casa Particular und waren fast froh, plötzlich auf eine einsame Touristenburg zu stoßen. Diese Gegend hatte keine historische alte Stadt zu bieten und war straßentechnisch eigentlich eine Sackgasse, da die von uns bewältigte Verbindung nach Santiago mit einem Touristenbus nicht zu schaffen sein dürfte. Landschaftlich ist es hier sehr schön, viel schöner als in anderen, klassischen touristischen Strandregionen. Nur die besagten Hotelkästen musste man sich wegdenken. Es war nicht zu übersehen, dass diese vermutlich schnell und möglichst billig errichtet wurden, um westliche Devisen und damit Touristen ins Land zu holen.

Wir bekamen zum Saisonende einen guten „all inclusive“ Preis und hatten ja auch keine Alternative.
Am Abend wurde uns dann wieder einmal allzu deutlich bewusst, warum wir diese Art von Hotels möglichst mieden.
Am abendlichen „all inclusive“ Büffet konnte man sich kleine Rindfleischstreifen selber braten. Meine fünf Streifchen waren die einzigen und gerade mal 30 Sekunden auf dem Bratblech, als ein Kanadier, sonst eigentlich ein freundliches und höfliches Volk, meine Streifchen auf seinen Teller transportierte. Ich erlaubte mir, freundlichst zu erwähnen, dass ich mir diese erst vor 30 Sekunden auf den Grill gelegt hätte. Er aber blieb unbeeindruckt und ließ mich lediglich mit hungrigem Blick wissen, dass er sein Fleisch „blutig“ möge. Sprach`s und verschwand ohne mit der Wimper zu zucken an mir vorbei an seinen Tisch.
Ich war sprachlos. Ich hatte die Streifen noch nicht einmal gewendet!

Am nächsten Morgen hat unser Auto einen Platten, den es am Vorabend noch nicht hatte. Nein, mit dem Kanadier hatte das sicher nichts zu tun, sondern wohl eher mit der Schotterstraße des Vortages. Ein Ingenieur, jetzt Mitarbeiter des Hotels, half uns unter schweißtreibender Sonne beim Reifenwechsel.
Geld wollte er als Dank nicht annehmen, aber er bat uns, ihn in den nächsten Ort mitzunehmen,

da er ein paar Tage frei habe. Öffentliche Verkehrsmittel gäbe es hier nicht.
Im Auto erzählte er uns auf Deutsch, dass er in der DDR an russischen MIG-Kampfflugzeugen ausgebildet worden war.
Ich fand auch ihn nett, und fragte mich, warum wir hier ständig auf so höfliche Menschen stießen.

Die Geschichten wiederholten sich. Hochqualifizierte, für die der Staat keine Verwendung hat, und die er dann im Tourismus arbeiten lässt, wo zumindest noch etwas Trinkgeld vom alten Klassenfeind abfällt.
Irgendwann später stießen wir wieder auf die Autobahn Richtung Havanna, die ursprünglich einmal quer durch das ganze Land führen sollte, aber nur in Teilstrecken fertig gestellt wurde. Diese Autobahn faszinierte mich.
In den 80ern von den Russen großspurig konzipiert und teilweise erbaut. Sechs Spuren plus Standstreifen, die zum Ende der Sowjetunion dann einen schlagartigen Baustopp erfuhr. Selbst bei abenteuerlichen Wirtschaftswachstumsraten hätten vier Spuren ohne Standstreifen für Jahrzehnte ausgereicht.
Perfekte Start- und Landepisten für russische MIGs nur 90 Meilen vor der Küste Floridas entfernt?

Heute fahren über weite Strecken nur wenige Autos über den langsam bröselnden Beton. Wir zählen überwiegend touristische Leihwagen (oranges Nummernschild) und Militärfahrzeuge. Später am Tage erreichten wir Santa Clara. Auf dem Hinweg hatten wir Santa Clara noch links liegen gelassen und waren bis Cienfuegos durchgefahren. Wir hatten ursprünglich nicht vor, hierher zu kommen, da in Santa Clara die sterblichen Überreste von „Che" liegen und Touristen mit Che Guevara und Sowjetstern auf Mütze und T-Shirt hierher strömen. Nun ja, nach über drei Wochen auf Kuba waren wir fast immun gegen solchen Revolutions-Prunk.

Lucas fand im Reiseführer einen Hinweis auf eine samstägliche Travestieshow, was mich überhaupt nicht reizte. Schließlich überzeugte er mich mit dem Argument, dass man die Anfänge sexueller Befreiung unterstützen sollte und dieses vielleicht das erste Mal sein könnte, dass wir offiziell geduldetes schwules Leben auf Kuba sehen würden. Es kam anders als gedacht.
Wir gingen also um 23:00 Uhr zum hell erleuchteten zentralen Platz und waren erstaunt, wie viel Leben hier herrschte.
Da wir noch Zeit hatten, ergatterten wir uns eine Bank und beobachteten das Treiben. Nach wenigen Augenblicken wurden wir von einem sehr gut aussehenden jungen Mann fixiert.
Nach erstem Zucken der Mundwinkel unsererseits kam er sofort zu uns, lächelte und begann ein Gespräch. Er sagte uns, dass es keine Travestieshow mehr gäbe, sondern eine schwul-gemischte Disco, und wenn wir mit ihm

kämen, bräuchten wir nicht den hohen Ausländer-Eintrittspreis zu bezahlen, sondern er zahle den billigen einheimischen für uns mit. Gesagt, getan, und er wich nicht mehr von unserer der Seite!
Wir kauften in der Disco die für Kubaner recht teuren Cola Dosen, er spendierte den mitgebrachten Rum dazu. Eigentlich wären wir lieber ohne Begleitung gewesen, aber das konnte man hier sowieso vergessen. Gefühlt waren ein Viertel der Gäste scheinbar ernsthaft an uns interessiert und unsere Falten und Love Handles schienen verschwunden zu sein. So muss sich Antonio Banderas vor 20 Jahren gefühlt haben! Unser Begleiter erhob aber so etwas wie eine Lufthoheit über uns und „biss" alle anderen „Interessenten' weg.
Ihr ahnt es, es hätte ein schöner Abend werden können. Die Disco unter freiem Himmel, die Sommernacht lau und gute Stimmung.
Trotzdem gingen wir früher und unser Begleiter ließ sich nicht abschütteln. Er sagte, er käme extra aus Havanna, suche einen Ausländer, der ihn hier „heraus heiratet". Er stelle keine Ansprüche und könne aufgrund seines Berufes überall sofort arbeiten.
Er sei Krankenpfleger auf einer Intensivstation und wolle nur raus hier! Er weinte, während wir gingen.

Vor unserem Casa Particular angekommen, wartete unsere „Gastmutter“ schon auf uns und holte uns ins Haus, schickte ihn weg, und die Tür schlug ins Schloss.
Es war, als schlug sie mir in den Nacken. Ich hatte so viel Verständnis für das Anliegen dieses Jungen! Wäre ich in seiner Haut, hätte ich wohl den gleichen Wunsch und ähnliche Pläne gehabt. Ich dachte noch sehr lange an ihn und seine verzweifelte Lage.

Am nächsten Morgen sahen wir einige Touristen mit Sowjetstern auf der Mütze und Che Guevara T-Shirt, und ich dachte daran, dass der Junge von gestern Abend sogar jemanden von denen heiraten würde, nur um hier herauszukommen.

Wir fuhren weiter nach Havanna, erlebten noch so einige Possen, die man nur im Sozialismus erleben kann und beendeten hier unseren sehr interessanten Urlaub in einem Land, das uns Nahe geht: Kuba!

22. Bitte noch nicht!

An meinem vierzehnten Geburtstag war ich traurig, dass ich kein Kind mehr war. Ich wusste, es war eine schöne Zeit und sie kommt nicht wieder. Ich freute mich zwar auf das Andere, was da jetzt kommt, aber mit sehr gemischten Gefühlen.
Diese Gefühle hatte ich mein ganzes Leben lang und auch jetzt auf unserer Weltreise. Immer, wenn etwas schön ist, bin ich auch traurig, dass es vorbei geht. Dass wieder etwas Neues kommt, tröstet mich dann nur wenig.
Lucas und ich haben uns entschieden, noch eine Runde zu drehen. Wir werden, entgegen unserer ursprünglichen Planung, eine zweite Weltumrundung machen. Dieses Mal soll der Schwerpunkt auf der südlichen Halbkugel liegen. Wir haben mit unseren Freunden noch nicht darüber gesprochen und trauen uns auch nicht. Wir wissen, dass wir bald wieder arbeiten müssen, und es wird wieder etwas Neues kommen.

Sie erreichen mich unter:
marcsteinm@gmail.com

12486452R00163

Printed in Poland
by Amazon Fulfillment
Poland Sp. z o.o., Wrocław